JR東日本
脱・鉄道の成長戦略

Edakubo Tatsuya
枝久保達也

KAWADE夢新書

序章　ＪＲ東日本が直面している危機

日本最大の鉄道事業者、ＪＲ東日本が大きな岐路に立たされている。新型コロナウイルス感染症感染拡大の影響で、２０２０年度の連結営業収益はコロナ禍以前の半分程度に落ちこみ、発足以来初の赤字に転落。約５７７９億円もの巨額の純損失を計上した。

社会経済活動の復帰とともに業績は徐々に上向き、２０２３年度の営業収益は対２０１８年度９割の水準まで回復したが、２０１８年度との比較では約１８０２億円の減収、約１７１２億円の減益となった。両者がほとんど等しいのは、鉄道は固定費の割合が高く、損益分岐点が下がりにくいからだ。

ＪＲ東日本の２０２３年度単体営業費約１兆７３３４億円のうち、列車運行に必要な動力費、設備の修繕費など物件費が約８１２２億円、人件費が約４０６５億円、減価償却《げんかしょうきゃく》費が約３２

JR東日本の営業収益、営業費、営業利益の推移（2018年度〜2023年度）

	2018年度	2019年度	2020年度	2021年度	2022年度	2023年度
営業収益	21,133	20,610	11,841	14,241	17,655	19,872
営業費	17,214	17,670	16,626	15,737	16,745	17,334
営業利益	3,918	2,940	-4,785	-1,495	909	2,538
対2018年度営業収益割合	100%	98%	56%	67%	84%	94%
対2018年度営業費割合	100%	103%	97%	91%	97%	101%
対2018年度営業利益	—	-978	-8,703	-5,413	-3,009	-1,380

※単位は億円　　出典：JR東日本ホームページ「時系列データ」

１４億円だが、これらは乗客の多寡《たか》にかかわらず必要な経費だ。

２０１８年度から２０２３年度の営業費を比較すると、２０２１年度は緊急抑制策で１割程度の削減を実現した以外、ほとんど変化していないことがわかる。つまり、営業収益が損益分岐点を下回れば、減った分だけ利益も減少していくビジネスだ。

ＪＲ東日本は２０２４年度事業計画で、新幹線及び在来線定期外の輸送量はコロナ前と同等の水準まで回復すると見込んでいるが、定期利用は80％の水準のまま戻らない想定だ。

定期利用は輸送量の過半数を占《し》めるが、割引率が高いため鉄道運輸収入では25％に過ぎない。コロナ前のピーク輸送量を基準とした施設、車両、人員を、現状に見合った規模までスリム化する必要がある。

駅・運転業務の省力化、保守作業の合理化など、鉄

JR東日本の輸送量の推移（対2018年度同期人キロ）

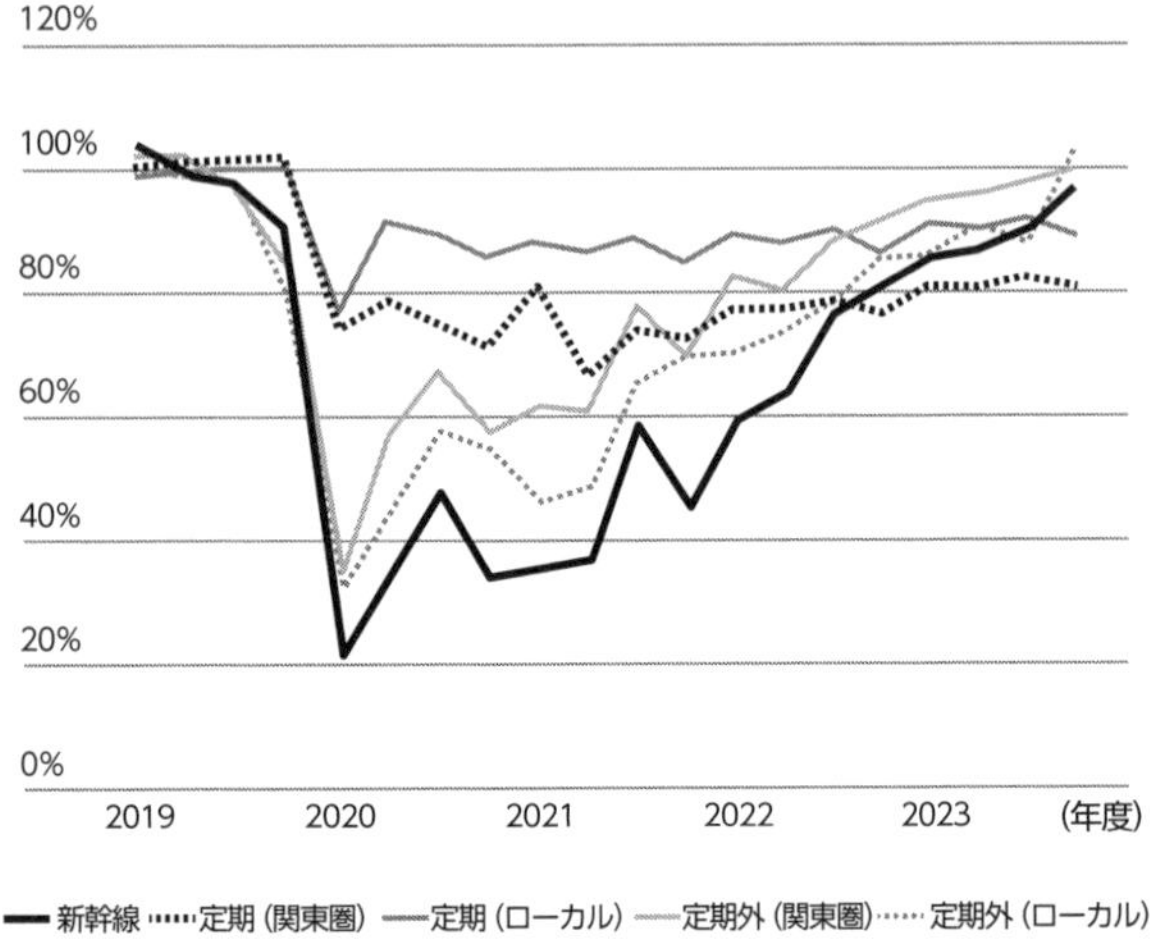

出典:JR東日本決算資料

道オペレーションコストの削減も進めており、２０２７年度までに対２０１９年度で１０００億円の削減が目標だ。とはいえ、２０２３年度末までに８３０億円の削減を達成しており、今後４年間の削減見込みは１７０億円にとどまる。今後はインフレや円安による燃料費、動力費などの費用増もあいまって、利益率はコロナ禍以前には戻らないだろう。

喜勢陽一《きせよういち》社長は２０２４年４月30日の「２０２４年3月期決算および経営戦略説明会」で次のような挨拶をしている。

これまでのビジネスモデルは、鉄道を主軸として構築してきました。安全が経営のトッププライオリティであることにはいささかの変化もありませんが、安全を堅持するなかで、鉄道を中心としたモビリティと、お客さまとの幅広い接点を持つ生活ソリューションの２軸によって支えられる、そしていかなる経営環境の変化があってもサステナブルに成長を続け、皆さまのご期待に応えていけるビジネス構造を作っていきたいと考えています。

これまでのＪＲ東日本のビジネスモデルは鉄道事業を主軸として、鉄道利用のために駅に集まる人々に向けた「エキナカ」や駅ビル、ホテルなどの生活サービス事業を展開し、グループとして収益をあげるものだった。ところが人口減少や消費行動、勤労形態の変化で鉄道利用者が減ると、このビジネスモデルは成り立たなくなる。

そこで鉄道事業が主、生活サービス事業が従ではなく、鉄道事業と生活サービス事業が２軸となり、ヒト・モノ・情報の交流を通じて「体験価値（ライフ・バリュー）」を提供する企業であると再定義したのである。

この大転換はコロナ禍を受けて突然行なわれたものではない。初代社長の住《すみ》田《た》正二《しょうじ》氏は１９９８年の著書『官の経営 民の経営』（毎日新聞出版）で、総人口が２００８年をピークに減少し、２０５０年過ぎに１億人、２１００年には７０００万人を割るとした人口推計を引用し、「鉄道事業の将来はバラ色ではない」と述べている。

ただし、これは同書が出版される直前、1997年1月に発表された全国将来推計人口中位推計の数字であり、発足時の認識は異なった。1986年発表の推計では、中位推計が約1億2800万人、低位推計でも約1億1500万人だった。

1991年の推計はやや下方修正し、中位推計が約1億1000万人、低位推計は約9500万人となったが、団塊《だんかい》ジュニア世代の結婚・出産適齢期を控えていたこともあり、危機感は薄かった。むしろ、高齢化の進展が深刻に受けとめられていた印象だ。

実際、住田氏は1992年の著書『鉄路に夢をのせて』（東洋経済新報社）で、同じように「バラ色でない鉄道事業」と記しているが、これは莫大《ばくだい》な資金を投じて新線建設・設備改良、つまり「事業としての拡大が望めない」という意味であり、人口問題には触《ふ》れていない。

住田氏は『官の経営 民の経営』にて、「幸い鉄道事業の将来がバラ色ではないと言っても、それは直《す》ぐ来年、再来年のことと言うわけではない。速くても三十年、五十年、恐らくもっと先の話である」としたうえで、「鉄道事業が効率的な経営を続けている間に、JR東日本は、本業としての総合生活サービス事業を育成して、もう一本の太い大黒柱を築き上げなければならない」と記している。

1998年の30年後が2028年、そこから時計の針が10年早く回ったと考えると、JR東日本が今、直面する危機は住田氏の「予言」が最悪のかたちで的中した格好だ。

一方、第2代社長を務めた松田昌士《まつだまさたけ》氏は2002年の著書『なせばなる民営化 JR東日本』(日本生産性本部)で次のような認識を示している。

これらの鉄道需要は、少子化の影響を大きく受けて減少傾向で推移していくものと考えられている。しかし、私は、少なくとも当分の間は、お客さまはそう減らないだろうと楽観視している。対処の仕方さえ間違えなければ、社会の急速な高齢化が、却《かえ》ってわが社にプラスになるかも知れないと思うからである。高齢になってくると、例外はあるかもしれないが、視力が落ちてマイカーの運転などは不自由になってくる。そうなると、ご高齢の方は、鉄道を利用する機会が多くなってくるのではないだろうか。

「当分の間」がどの程度の時間軸なのかはわからないが、差し迫《せま》った危機感は感じられない。松田氏は高齢化に備えた駅のバリアフリー化や、鉄道需要を増やすための鉄道ネットワーク拡充、スピードアップの必要性を強調しており、やはり人口減少より高齢化への対応を主眼に置いているようだ。

いずれにせよ、1990年代のうちは人口減少が問題化するのは50年後(2050年頃)であり、それまでに生活サービス事業を鉄道との二本柱に育てなければならない、という漠然《ばくぜん》とした認識だったように思える。

だが、そんな空気はバブル崩壊と平成不況で社会に閉塞《へいそく》感が広がるにつれて変わっていく。鉄道事業は製造業、小売業などと比較すれば、景気の影響を受けにくいが、企業活動は定期利用、ビジネス需要や消費意欲は定期外利用に一定の影響を与える。

バブル期に急増した鉄道運輸収入は崩壊後もしばらく横ばいだったが、1997年に金融危機が発生すると鉄道需要は急速に減少した。在来線定期収入は1996年度、定期外収入は1992年度をピークに減少し、どちらも現在に至るまで戻っていない。

2000年に策定されたグループ中期経営構想「ニューフロンティア21」は、バブルに翻弄《ほんろう》された90年代の事業展開の反省から、鉄道との相乗効果・グループとしての相乗効果を発揮できる、競争優位性の高い分野に経営資源を投入する「スピード感がありかつ柔軟な経営」を目指すとした。

駅開発を変えたステーションルネッサンス、湘南新宿ラインに代表される在来線ネットワークの利便性向上、そしてSuicaの導入とサービス拡充など、JR東日本を代表するサービスはこの計画期間中に実現したものばかりで、同社のターニングポイントだったといえるだろう。

そんななか、2002年頃から景気は持ち直し、2003年4月を底に株価は上昇に転じた。低成長ながら長期の好景気「いざなみ景気」で、鉄道需要はバブル崩壊直後に迫るまで回復した。こうした状況を受け、2008年4月に発表されたのが「グループ経営ビジョン2020―挑《いど》む―」である。

JR東日本は民営化後しばらく、旧国鉄債務の削減を経営の大方針に掲げ、発足時に実質約6兆5000億円あった長期債務を5年で約1兆2000億円返済した。その後も返済を進め、2007年度末に約3兆6000億円まで減少したことから、「挑む」では債務削減のペースを落とし、設備投資、株主還元を優先する方針に転換。2017年度の営業収益3兆1000億円、営業利益6700億円の意欲的な目標を掲げた。

しかし、挑戦は半年で挫折《ざせつ》する。同年9月、米投資銀行リーマン・ブラザーズの経営破綻《はたん》に端《たん》を発する世界金融危機が発生し、日本にも実質GDPが1年で約530兆円から約481兆円に減少する深刻な大不況が訪れた。2007年度から2009年度の2年間で新幹線は約514億円、在来線定期は約20億円、在来線定期外は約381億円もの大減収、連結営業利益は約1003億円の減益となった。

金融危機は2009年のギリシャ債務問題、2010年の欧州政府債務危機に波及《はきゅう》するなど混乱の収拾に時間を要したが、ようやく回復の光明《こうみょう》が見え始めた2011年3月、今度は超巨大地震が東北地方を襲う。東日本大震災である。

JR東日本だけで東北新幹線約1200か所、在来線約4400か所の設備・施設が損傷を受けたほか、岩手・宮城・福島の太平洋沿岸を走る7線区が津波被害を受け、線路約60㎞と23駅が流失するなど甚大《じんだい》な被害が生じた。鉄道施設の被害額と減収は約2460億円。復旧費用は大船渡線（盛《さかり》〜気仙沼間）・気仙沼線（気仙沼〜柳津《やないづ》間）のBRT（バス高速輸送システム）化と三陸鉄道に移管した山田線（宮古〜釜石間）のものも含め、約2200億円に達した。

東北の人口減少は全国より10年以上早く震災前から進んでいて、しかもそのペースを速めていた。2002年の将来推計人口は、2000年に約982万人だった東北地方6県の人口が、2010年に約966万人、2020年に約924万人になると予想していたが、2007年の推計で2010年に約937万人、2020年に約869万人へと大幅に下方修正された。

2010年の国勢調査では予想をさらに下回る約934万人となったが、震災後は津波被害を受けた沿岸部を中心に人口流出がさらに加速。東北地方の2010年から2020年にかけての人口減少率は全国最大の7・8％に達した。

県別では、宮城県こそ47都道府県で上位10位となる2％減だが、他の5県は高知県の44位を挟《はさ》んで42位から47位を占めている。今後、減少ペースはさらに早まり、最新推計では2040年に約682万人、2050年に約589万人まで減少する見込みだ。

JR東日本は2020年3月までに被災全路線を復旧したが、道路の復旧・新設は鉄道をはるかに上回るペースで進められた。国土交通省東北地方整備局によれば、2022年までの10

東北地方の将来推計人口

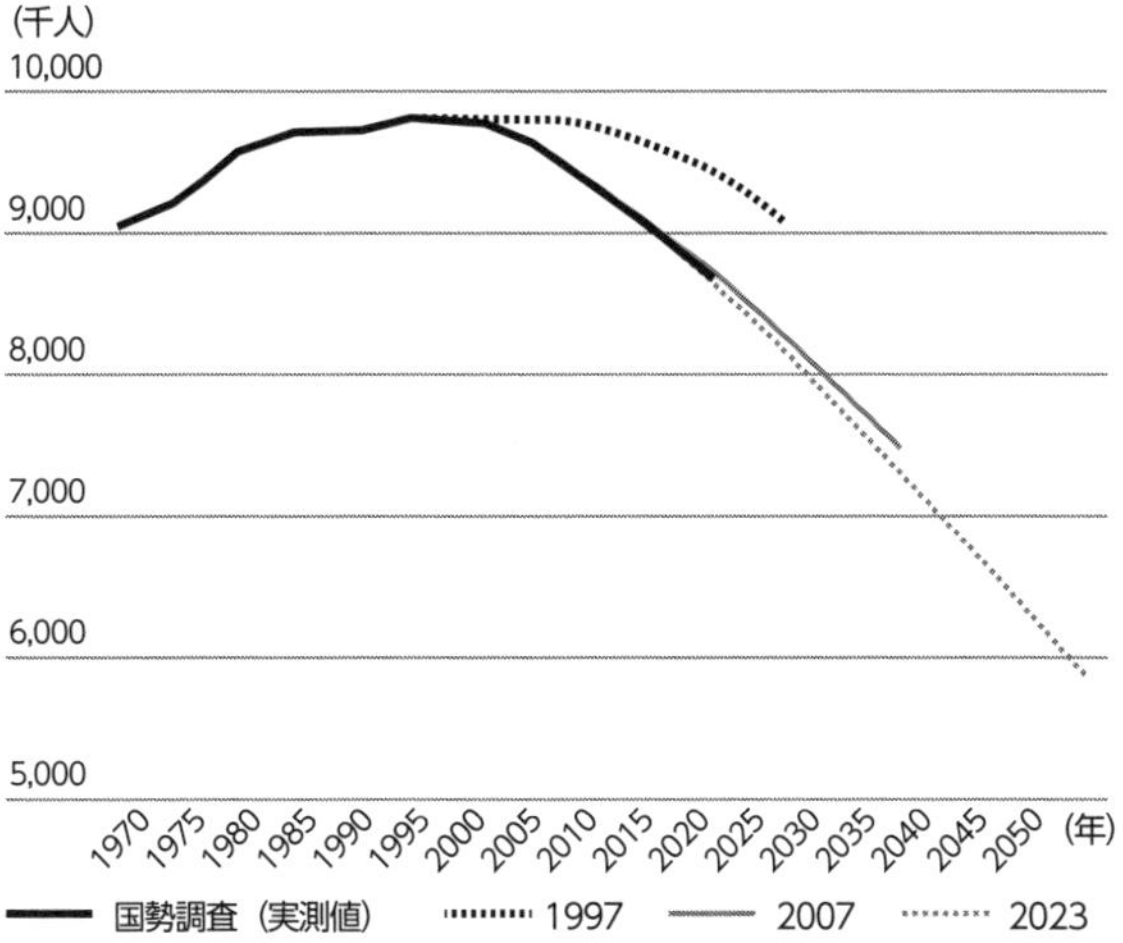

出典：国立社会保障・人口問題研究所「将来人口推計」

年間で青森、岩手、宮城に約377㎞の「復興道路」が完成し、道路沿線に245棟の工場が新設されたという。

人口減少の加速と鉄道の地位低下に衝撃を受けたJR東日本は、2012年10月にリーマン・ショックと震災後の環境変化を反映した「グループ経営構想Ⅴ〜限りなき前進〜」を発表し、東日本大震災を国鉄改革に次ぐ「第二の出発点」と位置付けた。2012年の社会環境報告書には、冨《とみ》田《た》哲《てつ》郎《ろう》社長（当時）の次のようなトップメッセージが掲載されている。

東日本大震災により、経営環境は大きく変貌しました。震災からの復興は、依然として道半《なか》ばですし、電力不足問題や福島第一原発事故の行方に加え、欧州財政危機や円高の長期化など、日本の経済社会の先行きは不透明感を増しています。もともと、少子高齢化、国内産業の空洞化など、震災前から厳しい試練にさらされていましたが、震災を契機に、こうした変化の潮流が、見違えるほど現実味を増し、大きく、そして速くなっているのだと思います。

「挑む」までの直線的成長を前提とした計画から、事業そのものを組み替えていかなければ生き残ることができないという危機感が前面化している。

日本経済は2013年頃から回復基調に入り、JR東日本の利用も増加に転じた。2017年度の新幹線鉄道運輸収入は、2010年の東北新幹線新青森延伸、2015年の北陸新幹線金沢延伸効果で、リーマン・ショック前のピークだった2007年度比で1000億円近い増収となった。営業収益約2兆9501億円、営業利益約4812億円も2007年度を超えたが、「挑む」が掲げた2017年度の目標値には遠く及ばなかった。

JR東日本は2016年度にセグメント（事業ごとの区分）を変更したため単純比較できないが、「挑む」の営業利益の目標値は運輸業4800億円、非運輸業1900億円だったのに対し、実際は運輸事業約3404億円、非運輸事業約1408億円。つまり「挑む」との最大の違いは、非運輸業の成長が遅れたのではなく、運輸業が想定通りに拡大しなかった点にある。

同社は2015年度から4期連続で連結経常利益・純利益とも過去最高益を記録したが、危機感は緩《ゆる》めなかった。

実効的な少子化対策が打たれないまま団塊ジュニア世代の出産適齢期は過ぎ、ついに第3次ベビーブームは起こらなかった。人口減少が加速するなか、持続的成長を目指すのであれば、鉄道頼みの経営から早期に脱却する必要があった。そうした文脈で2018年7月に発表されたのが、現在のグループ経営構想「変革2027」だ。

「変革」は今後加速する人口減少、ネット社会化の進展、自動運転技術の実用化による鉄道移動ニーズの減少など、これからの30年で想定される「非常に厳しい経営環境の変化」を想定。みずからの事業価値を「鉄道のインフラ等を起点としたサービス提供」から「すべての人の生活における『豊かさ』を起点とした社会への新たな価値の提供」に転換すると宣言した。

不思議なことに、JR東日本が経営構想を策定すると何かが起こる。1990年に発表された「Future21」後にバブルが崩壊、2000年発表の「ニューフロンティア21」後にデフレ経済、2008年発表の「挑む」後にリーマン・ショック、そして「変革」にはコロナ禍が立ちふさがった。

しかし、経営環境が激変するなか、JR東日本は「変革」の枠組みを変えなかった。コロナ禍は時計の針を10年早く回したが、想定された未来が早く訪れただけで、目指すところは変わらない。２０２０年４月28日発表の２０１９年度決算で早速、「変革の歩みは止めない」として、取り組みのスピードアップを表明した。そういう意味で、ＪＲ東日本の直面する「危機」はコロナ禍に始まったものではなかったのである。

２０２５年に発足38周年を迎えるＪＲ東日本は、１９４９年から１９８７年まで38年間続いた国鉄の歴史に並ぼうとしている。国鉄が栄《えい》枯《こ》盛衰《せいすい》だったように、ＪＲ東日本の歴史もけっして順風満帆ではなかった。

現在進むグループ経営構想「変革２０２７」を中心とした取り組みが、どのような歴史的背景で、どのような危機感と問題意識で生まれたものなのか。過去と現在、鉄道と非鉄道を縦横《じゅうおう》に巡ることで、ＪＲ東日本の未来像を探っていきたい。

枝久保達也

ＪＲ東日本 脱・鉄道の成長戦略／目次

2章　数字と歴史で読み解く鉄道事業

3章 数字と歴史で読み解く関連事業

4章 Suicaの進化がもたらす新たな生活スタイル

5章 「都市を快適」に、「地方を豊か」に

6章

JR東日本が挑む未来戦略

装幀◉こやまたかこ
図版作成◉原田弘和

1章 鉄道受難の時代を生き延びる「次の一手」

鉄道会社の銀行サービス「JRE BANK」の価値とは

ＪＲ東日本が目指す「Ｓｕｉｃａを中心としたＪＲＥ ＰＯＩＮＴ経済圏」を象徴する新サービスが、２０２４年５月９日に誕生したＪＲ東日本ブランドのデジタル金融サービス「ＪＲＥ ＢＡＮＫ」だ。

喜勢陽一《きせようい ち》社長は２０２４年６月26日付の朝日新聞デジタルのインタビューで「スタートダッシュとして非常に好調な手応え。想定を上回る形でご支持いただいている」として、目標に掲げていた１００万口座の開設は「年度内には達成したい」と述べている。

ＪＲＥ ＢＡＮＫは預金を集め、資金を必要とする人や企業に融資する一般的な銀行業とは異なり、銀行法第２条第14項が定める、所属銀行のもとで預金や資金の貸し付け、為替《かわせ》取引や住宅ローンなどの契約を代行する「銀行代理業」というビジネスモデルである。

所属銀行は楽天銀行で、預金・融資・決済などの銀行機能をクラウドシステムとして提供する「ＢａａＳ（Banking as a Survive）」を使い、ＪＲ東日本の完全子会社である株式会社ビューカードが銀行代理業者となる。ＪＲＥ ＢＡＮＫは楽天銀行の１支店として扱われるため、預金の管理・運用は楽天銀行が行なう。

鉄道事業者のデジタル金融サービスはＪＲ東日本が最初ではなく、京王電鉄が鉄道グループとしては初のフルバンキングサービス「京王ＮＥＯＢＡＮＫ」を２０２３年９月に開業している。住信ＳＢＩネット銀行を所属銀行、京王パスポートクラブを銀行代理業者として、京王が発行する京王パスポートカード会員を対象に提供するサービスだ。

サービス開始は京王ＮＥＯＢＡＮＫが先んじたが、ＪＲＥ ＢＡＮＫ構想はそれより早く２０２２年12月に発表された。プレスリリースには「人生に体験と経験を。」をコンセプトとし、一般的な銀行サービスに加え、「ＪＲ東日本グループの事業領域を活《い》かした特典の提供」を行なうと記されており、実際に２０２４年４月に発表された特典は予想以上に手厚いものとなった。

目玉はＪＲ東日本線の片道運賃・片道料金が４割引きとなる「ＪＲＥ ＢＡＮＫ優待割引券」

JRE BANKの特典一覧

	資金残高	ビューカード引き落とし	給与等の受取	左記両方
優待割引券	300万円以上	2枚（年2回）	3枚（年2回）	5枚（年2回）
	50万円以上	1枚（年2回）	2枚（年2回）	3枚（年2回）
どこかにビューーン！割引クーポン	50万円以上	1枚（年4回）	2枚（年4回）	3枚（年4回）
普通列車グリーン券	50万円以上	1枚（年4回）	1枚（年4回）	1枚（年4回）

※2024年7月末現在　　出典：JR東日本2024年4月9日プレスリリース

だ。資産残高50万円以上でビューカード利用代金の引き落とし口座に設定すると、株主優待券と同じ割引率の特典が年２枚、給与口座に指定すれば年４枚、資産残高３００万円以上で引き落とし口座、給与口座の両方に設定すると最大の年10枚もらえる。

また、上記の条件を満たさなくても、16～24歳は資産残高が20万円以上あれば１枚提供される限定特典を設定し、若年層の口座開設を図る。

さらに、ＪＲＥ ＰＯＩＮＴ（東京・上野・大宮駅発は６０００ポイント、仙台・盛岡・新潟・長野発は５０００ポイント）で、ＪＲ東日本の新幹線停車駅47駅からランダムに提示される４駅の「どこか」に行ける「どこかにビューーン！」サービスの「２０００ポイント割引クーポン」を預金額に応じて年４枚から最大12枚もらえる。このほか、預金額50万円以上でモバイルＳｕｉｃａ限定の「Ｓｕｉｃａグリーン券」が最大年４枚提供される。

特典の獲得には、ＪＲグループ共通ポイント「ＪＲＥ ＰＯＩＮＴ」と「ＪＲＥ ＢＡＮＫ」のユーザーＩＤを連携させ、「ＪＲＥ ＢＡＮＫプラス」へのエントリーが必要。口座の利用状況に応じて毎月「ベーシック」「アドバンス」「プレミアム」「ＶＩＰ」「スーパーＶＩＰ」の会員ステージが決定し、ステージごとに特典が用意される。

駅のＡＴＭ「ＶＩＥＷ ＡＬＴＴＥ」の引き出し手数料無料は全ステージ共通だが、提携金融機関のＡＴＭや他行への振り込みの無料回数や、振り込みや口座振替など利用に応じて獲得できるＪＲＥ ＰＯＩＮＴの獲得倍率がステージごとに変わる。鉄道特典はステージとは別に、ＪＲＥ ＢＡＮＫプラスの口座をビューカード引き落とし口座や給与受取口座に設定し、一定額の預金をすることで受けられる。

ではなぜ、これほど手厚い特典を用意するのだろうか。銀行代理業に参入する意義、メリットについてＪＲ東日本に聞くと、「一般の銀行にはない独自性の高い特典でお客さまに口座を開設していただくことで、当社グループの各サービスの入り口として接点を持つことが可能」と述べる。そして「当社グループのさまざまなサービスをおトクにご利用いただくことでグループ内のサービスの認知度やご利用の拡大を図っていきたい」として、特典で鉄道需要を喚起《かんき》するだけでなく、それにともなうグループ全体への波及《はきゅう》効果を期待する。

ＪＲ東日本は２０２３年度末時点で９０００万枚以上のＳｕｉｃａ、２６２１万枚のモバイル

Suica、月あたり約3億件の電子マネー利用、550万人以上のビューカード会員があり、これらのサービスを結びつけるJRE POINT会員は1500万人に達する。

同社はグループ経営ビジョン「変革2027」のなかで、「移動のシームレス化」と「移動・購入・決済のワンストップ化」、「金融機関、決済企業等の商品・サービス」の強化を掲げている。Suica鉄道利用、電子マネー利用、ビューカードを連携してグループ全体の購買データを一元的に把握《はあく》するJRE POINTに、JRE BANKの口座情報、入出金記録を組み合わせることで、JR東日本経済圏を強固なものにする。

高輪ゲートウェイシティ開発に見る「新たなまちづくり」の実際

JR東日本史上最大のみならず、鉄道事業者が手がける都市開発としても最大級のプロジェクトである「TAKANAWA GATEWAY CITY（高輪ゲートウェイシティ）」が、いよいよ2025年3月に開業する。

品川開発プロジェクトの開発コンセプト「Global Gateway」には「玄関口としての歴史」「イノベーションの地としての歴史」のふたつの意味が込められている。玄関口とは品川が東海道最初の宿場町だったことと、「高輪大木戸《おおきど》」が江戸市中の入り口として、各地から集う人の玄関口だったことにちなんでいる。

品川は日本の鉄道発祥の地でもある。日本の鉄道は1872年10月14日に開業した官設鉄道（現・東海道線）新橋〜横浜間約29㎞に始まるが、じつは本開業の4か月前に品川〜横浜間で仮開業しており、品川駅が東京最初のターミナル（玄関口）だったことはあまり知られていない。

品川〜新橋間約2・7㎞の開業が遅れたのは、この区間の工事が難航したからだ。明治維新から数年、鉄道とはいかなるものか理解が追いついていない時代だっただけに、軍を司《つかさど》る兵部省が国防上の理由から高輪周辺の土地の引き渡しを拒《こば》んだのである。

そのため、軍の土地を避けて海上に築堤《ちくてい》を建造し、その上に鉄道を走らせることにした。これを「高輪築堤」という。

最初の鉄道にしては大胆な工法だが、日本には江戸時代から台場の建設など埋め立て技術の蓄積があった。高輪築堤の埋め立てにおいても台場と同様、八ツ山《ややま》や御殿山《ごてんやま》の土砂、基礎に松の杭《くい》、石垣は江戸城や未完成の台場の石を流用して、イギリス人技師の指揮のもと建造された。高輪築堤はいわば、日本技術と西洋技術を融合したイノベーションであった。

当時の海岸線は現在の国道15号線（旧東海道）に沿っており、道路より東京湾側にある高輪ゲートウェイシティ一帯も明治中期まで海だった。その後、鉄道網を拡大するため、品川付近が埋め立てられ、車両基地が建設された。車両の増備とともに段階的に拡大し、最終的には20ha

もの規模になった。なお、埋め立ての過程で陸に取りこまれた高輪築堤の行方は長らく不明だったが、高輪ゲートウェイ駅建設の過程で山手線・京浜東北線の線路を移設した際、線路の下からほぼ当時のままの姿で発掘された。

そんな品川車両基地を再編し、六本木ヒルズの約12ha、東京ミッドタウンの約10haを上回る、13haもの広大な敷地を生み出す立役者となったのが、2015年3月に開業した「上野東京ライン」だ。

2000年の運輸政策審議会答申第18号で「2015年までに整備することが適当な路線」に指定されると、2002年3月に整備方針が正式発表されたが、このときに整備効果として挙げられたのが、直通運転による最大11分の時間短縮、山手線・京浜東北線の最混雑区間だった上野～御徒町《おかちまち》間の混雑緩和、そして「車両留置箇所の見直しによる車両基地用地の有効活用」であった。品川駅は2003年に東海道新幹線品川駅が開業し、建設中のリニア中央新幹線のターミナルになる。

在来線では2015年3月に上野東京ラインが開通し、宇都宮・高崎・常磐線からのアクセスが向上。また、2010年の羽田空港（東京国際空港）再国際化以降、京急電鉄が空港アクセス機能を強化している。品川エリアの首都圏と世界、国内の各都市をつなぐ広域交通結節点《けっせつてん》としての重要性がますます強まっていることを受け、これからの日本の成長を牽引《けんいん》する「国際交流拠点」として再開発しようというのが全体の方向性だ。

ＪＲ東日本は２０１４年６月に、田町〜品川駅間に新駅を設置し、車両基地再編後に跡地でまちづくりを進める方針を公表。「エキマチ一体開発」や「ストリートまちづくり」など地域と連携しながら、従来の発想にとらわれない国際的に魅力のある交流拠点の創出を図っていきたいと表明した。

２０１６年４月に地区計画、土地区画整理事業、都市計画道路が都市計画決定。２０１７年３月に「品川駅北周辺地区まちづくりガイドライン」が策定されると、２０１８年５月に国家戦略特別区域会議の都市再生プロジェクトに採択された。２０１９年４月に第１期（７・２ha）開発計画が都市計画決定し、「品川開発プロジェクト」が本格的に動き出した。

高輪ゲートウェイシティは、先行して２０２０年３月に開業した高輪ゲートウェイ駅を中心に、１街区「TAKANAWA GATEWAY CITY RESIDENCE」、２街区「文化創造棟」、３街区「THE LINKPILLAR2」、４街区「THE LINKPILLAR1」で構成される。今回開業するのは４街区のみで、残りは２０２５年度末に開業予定だ。

「THE LINKPILLAR1」は高さ約１６１ｍの「ＮＯＲＴＨ」、高さ約１５８ｍの「ＳＯＵＴＨ」のツインタワーで、国際的大企業の本社機能に対応したオフィス、国際交流拠点としてのＭＩＣＥ施設「TAKANAWA GATEWAY Convention Center」（コンベンション、カンファレンス機能)、ラグジュアリーホテルなどを備える。

もっとも南に位置する、高さ約166mの「THE LINKPILLAR2」は都営地下鉄浅草線泉岳《せんがく》寺《じ》駅と直結。フレキシビリティの高いオフィスフロアに、ビジネスワーカーのくらしを支える商業施設、クリニック、フィットネスなどを取りそろえる。

公園と一体の低層棟「文化創造棟」は、展示場、ホール、飲食施設、駐車場を備える。「住宅棟」は外国人ビジネスワーカーにも対応した国際水準の高層高級賃貸住宅として、低層部にはインターナショナルスクールが開校する。

総事業費は約5800億円。安定稼働時の営業収益は、2023年度の非運輸業全収益の6%にあたる年560億円を見込んでいる。エキマチ一体のまちづくりやスケールメリットの享受、開発地全体で土地利用を最適化するため、JR東日本が土地と建物を保有し、不動産賃貸収入で投資を回収するスキームだ。また、MICEなどの大規模催事による副次的な収入、ロボットを活用したデリバリーサービスなど、まちづくりを通した新たな事業創出を進めることで開発効果を最大化する。

高輪ゲートウェイシティが目指す姿は「100年先の心豊かなくらしのための実験場」の構築だ。JR東日本グループの環境長期目標「ゼロカーボン・チャレンジ2050」の先導プロジェクトとして、CO_2排出実質ゼロの先進的でサステナブルな環境都市づくりを推進。また、水素社会への取り組み、新駅での鉄道と二次交通の連携、スタートアップ支援など、グループの「実験場」「ショーケース」としての役割も期待されている。

もうひとつの特徴が、オープンスペースの整備だ。高輪ゲートウェイ駅から続く南北約1㎞、約4haの「パブリックレルム（広く不特定多数の人々が利用できる公共的空間）」、総面積約2・7haの緑地を整備し、駅と公園と施設が連続的につながる「エキマチ一体」の空間を創出する。この広大なフィールドも「未来を創り出す実験場」として、さまざまな実証実験とフィードバックの場として活用する方針だ。

オープンスペースでは、2021年9月に国の史跡に指定された「高輪築堤」も活用する。JR東日本は2021年に史学・建築学・デザイン工学などの有識者からなる「高輪築堤跡保存活用計画等策定・検討委員会」を設立。2023年3月に策定された保存活用計画では、2街区の設計を一部変更し、橋梁《きょうりょう》部を含む約80m、公園隣接部約40mの現地保存と、信号機土台部を含む約30mの移築保存が決定した。

保存部分は周辺まちづくりに組みこみ、高輪築堤跡の価値や鉄道開業・発展の歴史を伝えるとともに、隣接する建物や広場、VR（仮想現実）・AR（拡張現実）、プロジェクションマッピングなどを活用し、地域の歴史や鉄道の創業当時の姿を再現展示する計画だ。

ＪＲ東日本が「東北新幹線時速360km化」にこだわる事情

東北新幹線は２０１３年から国内最速の時速３２０km運転で、東京〜新青森間を最短2時間59分で結んでいるが、さらなる高速化を目指す取り組みが進んでいる。その中心となるのが時速３６０km運転に向けた試験車両「ＡＬＦＡ‐Ｘ（Advanced Labs for Frontline Activity in rail eXperimentation＝最先端の実験を行なうための先進的な試験室）」だ。

最高速度だけであれば、１９９０年代に試験車両「ＳＴＡＲ21」が時速４２５kmを達成しているが、ＡＬＦＡ‐Ｘが目指すのは、時速３６０kmで安定的に営業運転するための技術だ。地震動を減衰《げんすい》するダンパーの設置など地震対策の強化はもちろん、冬季の遅延の原因となる着雪《ちゃくせつ》対策、列車の揺れをダンパーで制御する動揺防止制御装置の開発、速度とともに増加する騒音対策や省エネ運転など環境性能向上、ＩoＴ（Internet of Things＝あらゆるモノをインターネットに接続すること）技術を活用したメンテナンス性向上など多岐《たき》にわたる。

ＪＲ東日本は２００５年にも時速３６０km運転を目指した試験車両「FASTECH360」を製造している。高速走行と快適性、環境性能などの各種試験を２００９年までに行なったが、時速３６０km化は尚早《しょうそう》と判断され、２０１１年に登場したＥ５系は営業最高速度時速３２０kmとなった。新幹線の耐用年数はおおむね15～20年程度なので、2020年代末から2030年代にかけて次世代車両の導入が始まる。ALFA-Xはそのための試験車両だ。

2005年以降、JR東日本が時速360km運転にこだわり続けるのは、直通運転を行なう北海道新幹線の札幌延伸を見据《みす》えているからだ。北海道新幹線の新青森～新函館北斗間は、2005年に着工し、2016年3月に開業。新函館北斗～札幌間は2012年に着工し、当初は2035年度の開業を想定していたが、2015年に2030年度へ5年前倒しされた（ただし、工事の難航で開業は数年遅れる見込みと報じられている）。

北海道新幹線の事業化にあたり、国土交通省（以下、国交省）が検証した収支採算性や投資効果の前提は、盛岡～札幌間時速260km、青函トンネルと前後の共用走行区間が時速140kmで、東京～札幌間の所要時間は5時間1分の想定だった。直線距離が近い東京～博多間は最速4時間46分。福岡空港が市街地に近いという特殊な条件はあるが、東京～福岡間の鉄道シェアは1割未満だ。整備効果を最大化するには、時間短縮つまり速度向上が必要だ。

東北新幹線の最高速度は区間によって異なり、急カーブの多い東京～大宮間は在来線特急なみの時速130km、住宅地が連続する大宮～宇都宮間は時速275km、宇都宮～盛岡間は時速320km、盛岡～新青森間は時速260km。前述の「ALFA-X」は宇都宮～盛岡間の時速360km運転を想定している。

東北新幹線の時速引き上げ構想

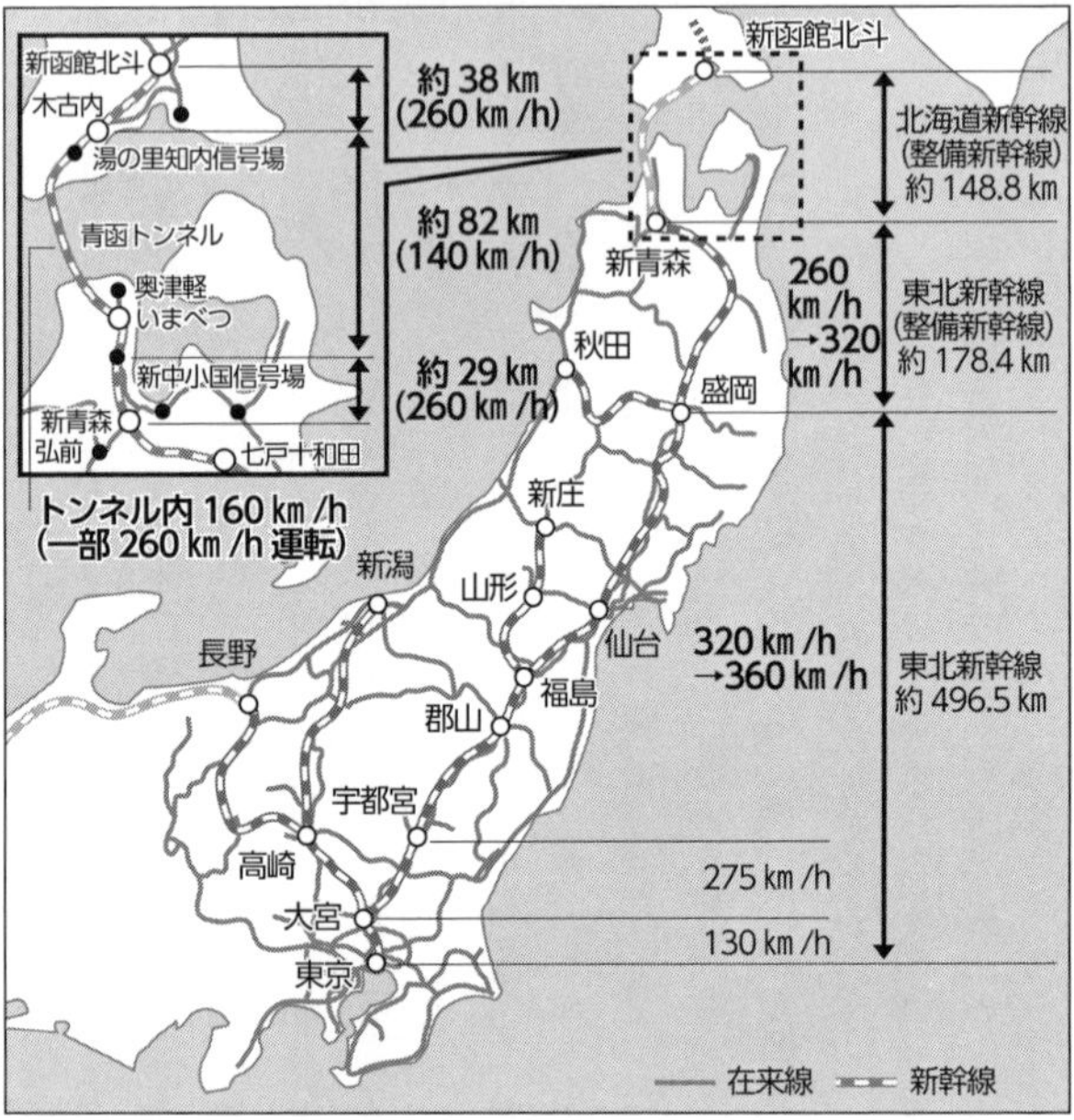

停車駅を減らして平均速度を上げる考えもあるが、速達タイプの現行「はやぶさ」は東京、大宮、仙台、盛岡、新青森、新函館北斗のみの停車で、これ以上削ると途中駅からの需要を取りこぼしてしまう。これ以上の所要時間短縮は細かい努力を積み上げるしかない。

すでに動き出しているのが、２０２０年10月に発表した東北新幹線盛岡〜新青森間の速度向上だ。吸音板設置、防音壁のかさ上げ、列車がトンネルに入る際の騒音を軽減する緩《かん》衝工《しょうこう》の延伸など騒音対策工事を追加し、最高速度を現行の時速２６０kmから時速３２０kmに引き上げる。

１９８２年に開業した盛岡以南より、２００２年以降に開業した盛岡以北の最高速度が低いのは不思議に映るかもしれないが、これは盛岡以北が「整備新幹線」として建設されたことに由来する。整備新幹線とは国鉄時代の１９７３年、全国新幹線鉄道整備法にもとづく「整備計画」が決まった東北新幹線（盛岡〜青森間）、北海道新幹線、北陸新幹線、九州新幹線、西九州新幹線の5路線を指す。

当時、東海道・山陽新幹線は最高速度時速２１０㎞運転だったが、東北新幹線以降は技術開発を反映し、設計最高速度を時速２６０㎞に引き上げた。整備新幹線は国鉄民営化後、国の公共事業として建設することになったが、設計最高速度は当時のまま時速２６０㎞とされた。ただし、東北新幹線の整備新幹線区間は、施工後の変更が困難なカーブ、勾配《こうばい》、緩和曲線（直線とカーブをつなぐ区間）と縦曲線（勾配の頂点をゆるやかにする曲線）が時速３６０㎞走行が可能な規格で建設されており、大きな改修は必要ない。

それ以上に問題なのは、速度が上がるほど大きくなる騒音だ。整備新幹線の施設は、国交省所管の独立行政法人 鉄道建設・運輸施設整備支援機構（鉄道・運輸機構）が保有し、ＪＲに貸し付けているため、速度向上のために設備を改良した事例はなかったが、ＪＲ東日本が自己資金で対応することで認められた。これにより、所要時間を5分程度短縮する。

ＪＲ東日本に先立ち、ＪＲ北海道も２０１９年5月に、現在建設が進められている新函館北斗～札幌間の最高速度を時速２６０㎞から時速３２０㎞に向上したいと申請している。結論はまだ出ていないが、こちらも効果は5分短縮、今まで手つかずだった整備新幹線区間に切りこむことで、あわせて10分の短縮が期待できる。

なお、現時点で東北新幹線の時速３６０㎞化は正式決定していないため、時速３２０㎞化を申請しているが、将来的に時速３６０㎞に切り替えられる可能性もある。ＪＲ北海道も２０２４年3月に発表した「中期経営計画２０２６」で、北海道新幹線の時速３６０㎞化に向けた検討に着手すると発表している。

宇都宮～盛岡間を時速３６０㎞化した場合の時間短縮効果をおおむね15分程度と見積もると、２区間の時速３２０㎞化を足して東京～札幌間は4時間35分になる。所要時間4時間を境に新幹線と航空のシェアが逆転するとされる「4時間の壁」を切れなければ意味がないという論調もあるが、問題はそう単純な話ではない。

北海道新幹線を経営再建の切り札と考えるＪＲ北海道だけでなく、ＪＲ東日本も高速化を進めているのは、東京～札幌間が非常に魅力的な市場だからだ。航空輸送統計速報によれば、羽田空港～新千歳空港便の旅客数はコロナ禍の２０２０年、２０２１年を除き、年間約９００万人で、国内線では羽田空港～福岡空港便を抑えてトップの旅客数を誇る。

たとえば、東京～新山口は所要時間約4時間20分、東京～新函館北斗は約4時間～4時間20

分だが、3割程度のシェアを確保している。仮に羽田～新千歳間900万人の3割が新幹線に移行すると270万人。東京～札幌間直通列車を往復15本（片道30本）とすると、1本あたり約250人の利用がある。しかも彼らは最長区間を利用する、単価の高い乗客。東京～博多間と同等のシェア1割程度にとどまっても1日1本あたり90人、つまり1両が埋まる。

東北の人口減少は加速しており、東北新幹線の輸送量も頭打ちだ。人口減少は北海道も同様なのだが、観光を中心に航空需要は伸びており、2023年度の新千歳空港の国内線旅客数は過去最多の2003万人を記録した。JR東日本にとっても、北海道新幹線の札幌延伸は東北新幹線の持続的な成長に不可欠なものなのだ。

航空業界はドル箱路線の客を奪われる格好だが、1日あたり往復50便以上も設定される羽田～新千歳間は、空港の発着枠を多く使っている。人口減少に直面するのは航空も同じであり、訪日外国人旅行者需要が見込める国際線を拡大するためには、羽田空港の発着枠を有効活用したいという思いがある。新幹線が国内輸送の一部を担うことで、新幹線では不可能な国際輸送に活用できれば、交通政策上の意義もある。

では、さらなる速達化は可能なのか。最大のネックが青函トンネルとその前後、在来線貨物列車と共用する約82㎞の区間だ。この区間での新幹線は、貨物列車とのすれ違い時に風圧などでコンテナが破損する可能性があるため、トンネル内は最高速度時速160㎞、地上部は時速

140㎞の速度制限を行なっている。

開業以来、国交省のワーキンググループを中心に、さまざまな速度向上策が検討されており、2024年にはゴールデンウィークなど貨物需要が少ない繁忙《はんぼう》期に限り、新幹線だけが走る時間帯を設定することで、一部列車がトンネル内を時速260㎞で走行し、最大5分短縮した。しかし、貨物列車の運行が続く以上、期間や対象を広げるのは困難だ。

盛岡〜札幌間を時速360㎞、青函トンネルと前後区間を時速260㎞で走行できれば、東京〜札幌間の4時間切りも不可能ではない。本州〜北海道間の貨物列車を廃止し、青函トンネルを新幹線専用にするというアイデアまであるが、これは物流への影響があまりに大きすぎる。無理に4時間を切ってシェアの半数近くを握れば、今度は逆に輸送力不足にもなりかねない。まずは4時間30分切り、その先はコストとの兼ね合いを見ながら、検討を進めていくことになるだろう。

JR東日本の参入で「羽田空港アクセス」はどう変化する?

2010年の再国際化以降、ますます存在感を高める羽田空港（東京国際空港）。京浜急行電鉄（京急電鉄）とJR東日本グループの東京モノレールが担う空港アクセス輸送に、JR東日本も参入する。それが総事業費約2800億円を投じ、2031年度に開業を予定している新線「羽田空港アクセス線」だ。東京駅〜羽田空港間の所要時間は東京モノレール、京急電鉄経由の約30分から18分まで短縮される。

羽田空港アクセス線は東京方面の「東山手ルート」、新宿方面の「西山手ルート」、新木場方面の「臨海部ルート」の3路線から構成される。整備着手した東山手ルートは田町駅付近で東海道線から分岐して休止中の貨物線（大汐《おおしお》線）に接続。東海道貨物線を経由して新設トンネルで羽田空港第1・第2ターミナル直下に乗り入れる。宇都宮線・高崎線・常磐線からの直通列車が1時間あたり4〜8本程度設定される見込みだ。

しかしこれらの路線は、上野東京ラインの開業で品川から京急に乗り換えできるようになったばかりだ。乗り換えがなくなるのはありがたいが、巨額の投資をするほどの意義があるのか。これについてJR東日本は「海外で都心との距離が約10㎞程度にある空港の鉄道アクセス時間を見ると、フランクフルトやコペンハーゲン、チューリッヒでは、約10〜15分であり、国際競争力の強化の観点において、羽田空港へのアクセス強化の充実が必要と考えられる（『JREA』66巻7号）」と述べている。

羽田空港の旅客数は2009年の約6150万人から、2018年には約8560万人（うち国際線約1813万人）に増加。コロナ禍を経て、2023年は約7872万人（同約1790

万人）だった。政府は２０３０年までに訪日外国人６０００万人を新たな目標に掲げており、羽田空港の国際線旅客は年間４３００万人に達する見込みだ。今後の需要増に対応するには、第３のアクセス路線が必要というわけだ。

　ＪＲ東日本が新線建設に乗り出すのは極めて異例だ。初代社長の住田《すみた》正二《しょうじ》氏が「採算の取れない鉄道投資、とりわけ新線建設は絶対にしない」という立場だったこともあり、常磐線のバイパス路線として構想された「常磐新線（後のつくばエクスプレス）」への参加も徹底して断ってきた（京葉線は鉄道建設公団が整備を担当した）。

　そんななかで、同社が唯一検討してきた新線が羽田空港アクセス線だった。構想は２０００年、首都圏鉄道整備の中長期的な方針を定める運輸政策審議会答申第18号で「羽田アクセス新線」として登場した。当時の計画は、羽田空港からりんかい線東京テレポート駅を経由して京葉線と直通運転、また大崎方面・埼京線方面への直通を検討すると記されており、現在の臨海部ルートと西山手ルートの原型となった。

　もうひとつのルーツが、同答申に記された「東海道貨物支線の旅客化」だ。これは桜木町から東京貨物ターミナルまで京浜工業地帯の埋立地を走る貨物線を旅客化するもので、都心側はりんかい線東京テレポート方面と、品川方面に分岐する構想だった。ＪＲ東日本は２０１３年の「グループ経営構想Ⅴ」で整備構想を発表すると、２０１６年の交通政策審議会答申第１９

8号で計画の概要が示された。羽田空港アクセス線はふたつの計画が融合したものといえるだろう。

臨海部ルート、西山手ルートのキーとなるりんかい線はもともと、東京湾の臨海工業地帯を結ぶ貨物線「東京外環状線（京葉線）」の一部として構想された。新木場から有明・台場経由で東京湾をくぐり、大井の東京貨物ターミナルまで結ぶトンネルはほとんど完成していたが、京葉線は旅客化にあたって新木場から分岐して東京駅に乗り入れたため、新木場〜大井間の未成線は宙に浮いてしまった。

1990年代に入って臨海副都心の開発が本格化し、世界都市博覧会の開催が決定すると、京葉貨物線

羽田空港アクセス線構想

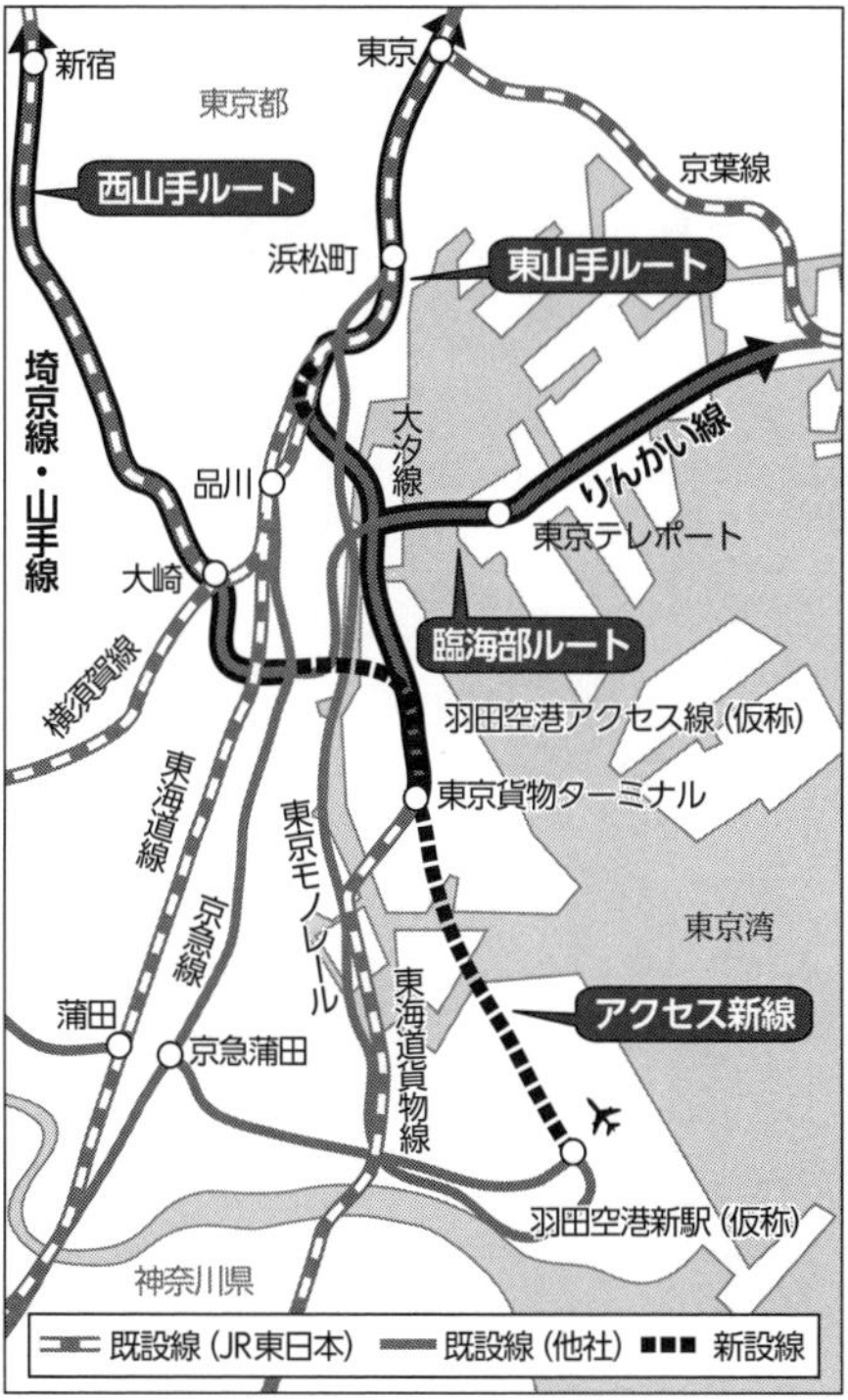

の既設トンネルを転用して臨海部の交通インフラを整備することになり、１９９６年に東京臨海高速鉄道臨海副都心線として東京テレポート～新木場間が開業した。東京テレポート～大井間の既設トンネルは八潮《やしお》車両基地につながる車庫線として転用され、このトンネルから分岐するかたちで東京テレポート～大崎間に新線が建設された。つまり、西山手ルートは羽田空港アクセス線とりんかい線品川シーサイド駅付近を接続する地下トンネルの新設が必要なのに対し、臨海部ルートのインフラ部はほぼできているため、容易に実現できる。

ＪＲ東日本はこれまで、臨海部ルート、西山手ルートについて「りんかい線を経由するため、引き続き、国や東京都など関係者との協議・調整が必要」として「現時点で、事業スキームやスケジュールなどはすべて未定」と述べていたが、日本経済新聞電子版は２０２４年７月24日、ＪＲ東日本が臨海部ルートを東山手ルートと同時に開業させる方向で調整していると報じた。

新木場～羽田空港間は現在、天王洲《てんのうず》アイル駅から東京モノレール乗り換えで約40分を要するが、臨海部ルートは約20分に短縮する。羽田空港と東京ディズニーリゾートの直結など京葉線への乗り入れが期待されているが、りんかい線を通過する列車の運賃収受など解決しなければならない課題が残っている。ＪＲ東日本は日本経済新聞の記事に対し「現時点で具体的な検討はしていないが、利便性向上の観点から検討課題と認識している」と回答しているが、新木場止まりでは整備効果が薄いため、開業までに何らかの整理がなされるはずだ。

ＪＲ東日本の参入によって羽田空港アクセスはどのように変化するのだろうか。現在のところ代表的交通手段は、自家用車を除けば京急電鉄、東京モノレール、リムジンバスの３事業者が担っている。国交省の２０２１年度航空旅客動態調査によると、羽田空港（平日・国内線）利用者の主なアクセス手段は、京急が39％、モノレールが19％、リムジンバスが14％、自家用車が15％だ。

１９９８年に京急空港線が空港ターミナルビルに乗り入れるまで、東京モノレールがシェア70％以上を占《し》めていたが、以降は激しいシェア争いが始まった。東京モノレールは２００２年にＪＲ東日本グループ入りし、Ｓｕｉｃａ導入、ホームドア設置などの設備投資、ワンマン運転などの合理化を進めた。２００７年には昭和島駅に新設した待避《たいひ》線を使用した快速列車の運行を開始し、２００７年度のシェアは京急30％、モノレール33％で拮抗《きっこう》していた。

京急はその後、経営の軸足を空港輸送に移し、京急蒲田駅の大規模改良とエアポート快特など空港直通列車の増発を進めた。２０１５年度のシェアは京急32％、モノレール26％となり、ついに逆転。２０１９年10月には空港線の建設費回収を目的とした加算運賃を大幅に引き下げ、品川～羽田空港間のＩＣ運賃を４０７円から２９２円（現在は３２７円）に値下げするなど、完全に主導権を握った。

ＪＲ東日本がグループ会社に東京モノレールを持ちながら、競合関係となる羽田空港アクセス線の整備に踏み切ったのは、東京モノレールは空港関連施設従業員の通勤や、沿線在住者の通勤・通学利用に特化し、広域の空港アクセス輸送は新線が担うという整理があったと考えられる。

羽田空港アクセスにはもうひとつのプレーヤー「蒲蒲《かまかま》線」が存在する。これは東急多摩川線を矢口渡《やぐちのわたし》駅付近から地下化し、蒲田駅、京急蒲田駅を経由して、糀谷《こうじや》〜大鳥居駅間で空港線に乗り入れるという、１９８０年代に浮上した新線構想である。

巨額の事業費に加え、東急線と京急線の線路幅や車両規格が異なるなど、乗り入れのハードルは高く、具体化には至らなかった。しかし、２０１０年代に入って羽田空港アクセスを重視した東急が、地下鉄副都心線・東横線を経由した広域空港アクセス「新空港線」として整備促進する姿勢を示したことで、京急線との直通問題を棚上げし、矢口渡〜京急蒲田間を第１期区間として先行整備することになった。

空港には直通しない「新空港線」となるが、直通運転にこだわるのではなく、京急蒲田駅との接続を優先したかたちだ。大田区と東急は２０２２年10月、新空港線の整備主体となる第三セクター「羽田エアポートライン」を共同で設立し、事業許可の取得に向けて関係機関との協議を進めている。

その新空港線と競合関係になるのが、羽田空港アクセス線の西山手ルートだ。新宿から渋谷を経由して羽田空港まで23分で結ぶ西山手ルートに対し、副都心線から渋谷を経由して京急蒲田に向かう新空港線は、新宿三丁目から京急蒲田駅まで少なくとも30分、京急蒲田から10分なので太刀打ちできない。一方で見通しの立っていない西山手ルートに対して、新空港線は２０３０年代半《なか》ばの開業を目指しており、ふたつの計画は相互に影響を与えそうだ。

「運転士が消える日」は訪れる？　自動運転開発の現在地

大きな期待をもって語られた自動車の自動運転の開発が難航するなか、鉄道の自動運転は徐々にではあるが前に進んでいる。ＪＲ九州は博多近郊の香椎《かしい》線で、既存の信号保安装置「ＡＴＳ‐ＤＫ」をベースに開発したＡＴＯ（自動列車運転装置）の開発と実証実験を２０２０年12月から行なってきたが、２０２４年３月に正式導入。運転免許（動力車操縦者免許）を持たない係員が安全監視のために運転席に乗務する「ＧｏＡ２・５」と呼ばれる形態の自動運転を開始した。

さらにもう一歩進んだ「ＧｏＡ３」の実用化に向けて研究を進めているのがＪＲ東日本だ。同社は２０３０年代を目途《めど》に、安全監視を担当する係員が乗務しない「ドライバーレス運転」を山手線に導入したいと表明している。

ここまで登場した、いくつかの概念を整理しておこう。鉄道の自動運転には「GoA0」から「GoA4」まで5段階の自動化レベルがある。「GoA0」は目視で運転する路面電車、「GoA1」は一般的な鉄道、「GoA2」は東京メトロ南北線や丸ノ内線、つくばエクスプレスのように、運転士は乗務するが運転操作はATOが担当する半自動運転となる。

国際的な区分では、次のレベルはドライバーレス運転の「GoA3（DTO＝Driverless Train Operation）」、完全無人運転の「GoA4（UTO＝Unattended Train Operation）」になる。現在、日本で「GoA3」を行なっている路線はディズニーリゾートライン（客車内に案内要員が乗りこむ）のみだが、「GoA2」とのあいだに、かなり大きな隔《へだ》たりがあるため、日本では香椎線のような形態の自動運転を独自に「GoA2・5」としている。

引き続き、人が乗務するのなら「GoA2」でも「GoA2・5」でも変わらないのではと思うかもしれないが、前者はATOが動作しない場合、運転を引き受けるために運転士資格が必要なのに対し、後者は機械の責任で運転するため資格は必要なく、非常時のみ、人が緊急停止させる。つまり、乗務員が運転免許を持っているか否かという大きな違いがある。

国家資格である運転免許を取得するには、長い時間と多額の費用がかかる。また、多額の費用を投じて高度な安全装置を開発、搭載したところで、朝ラッシュ時に多数の乗客が利用する日本の通勤路線では、確実なドア操作や非常時対応を担当する人員がいたほうが望ましい。

自動運転の乗務形態による分類

自動化レベル	乗務形態	導入状況	
GoA 0 目視運転	運転士（および車掌）	路面電車	
GoA 1 非自動運転		踏切等のある一般的な路線	
GoA2 半自動運転	ATO 運転士（列車起動、ドア扱い、緊急停止動作、避難誘導）	東京地下鉄（丸ノ内線、南北線等） 首都圏新都市鉄道（つくばエクスプレス）	
GoA2.5 （添乗員付き自動運転）	ATO 前頭に運転士以外の係員（緊急停止動作、避難誘導）	無し	
GoA 3 添乗員付き自動運転	ATO 前頭以外に乗務する係員（避難誘導）	舞浜リゾートライン	《要件》 ①踏切が無い ②人等が容易に立ち入れない構造（高架等） ③ホームドア有り 等
GoA 4 自動運転	ATO 係員の乗務無し	ゆりかもめ、神戸新交通等	

＊国土交通省ホームページを参考に作成

そこで、運転免許を持たない係員――もちろん、まったくの素人ではなく、車掌資格を持つ社員などが乗務する「GoA2・5」がもっとも現実的な「解」と考えられている。

不確定要素が多い公道上を走る自動車に対し、隔離された専用の線路を走る鉄道では、自動運転のハードルは高くない。原始的な自動運転は1960年代に営業列車を用いた長期試験を行なっており、1981年に神戸で開業した新交通システム「ポートライナー」は世界初の完全無人運転を導入している。

海外の地下鉄では無人運転を行なっている路線は珍しくなく、日本でも福岡市地下鉄七隈《ななくま》線は将来的な「GoA3」または「G oA4」の運行を想定したシステムになっている。

だが、線路が外部と隔絶《かくぜつ》された地下鉄、新交通システムはともかく、踏切や沿道から人や自動車の進入が想定される既存路線の自動化は、安全対策のハードルが高い。「鉄道に関する技術上の基準を定める省令」は、運転士が乗務しない自動運転を行なうための条件として、「容易に線路内に立ち入ることができない構造であること」「落石など列車の進路を支障するおそれのない構造または支障物を検知可能なシステムを備えていること」「緊急時に旅客が容易に避難できること」などを定めている。

これらの高い基準を満たすには、設備改修や新技術の開発など莫大《ばくだい》なコストが必要であり、なかなか実現しなかったが、そうするといつまでも自動運転は実現しない。そういう意味でも係員が前方を監視する「GoA2・5」は現実的な解なのだが、人口減少が加速するなか、運転業務のさらなる合理化、省力化は不可欠である。

そこで2018年、国交省に「鉄道における自動運転技術検討会」が設置され、既存路線における「GoA3」「GoA4」に必要な安全対策を整理した。

2022年9月に公表されたとりまとめによると、地上線路は防護柵や監視カメラの設置、列車前方支障物への対応は車両に搭載したカメラ・センサや接触時の衝撃検知装置の設置、踏切は障害物検知装置の設置、駅はホームドアの設置などにより、従来の一般的な路線での安全性と同等以上の性能を確保していると総合的に判断される場合は、自動運転が認められることになった。

とはいえ、一気に「GoA3」を目指すのは困難だ。そこでJR東日本はまず、自動運転の基礎となる高性能ATOの開発に着手した。ATOとはプログラミングに沿って出発から走行、停止までシステムが自動で行なう装置で、前述のように地下鉄などで使われている。そのベースになるのは、前方列車との距離に応じて速度信号を出し、速度を超えた場合は自動的にブレーキをかけるATC（自動列車制御装置）と呼ばれる信号保安装置だ。

ATOはATCの速度信号の範囲内で走ることで、安全を確保している。「GoA2」では運転士、「GoA2・5」では監視員が行なう安全確認を機械で代替できれば、「GoA3」「GoA4」に移行する。つまり、自動運転の実現性は安全対策とATOにかかっている。

JR東日本の主要路線では、山手線や京浜東北線がATCを採用している。また、両路線はホームドアの設置が進んでおり、停止位置がずれてドアを開けられない事態を防ぐため、停車時のブレーキを自動的に行なう「定位置停止装置（TASC）」が搭載されている。

これは、いわば「停車時限定のATO」なので、山手線でも機能を拡張することで比較的容易にATO導入が可能だが、JR東日本は単に制限速度と信号を参照して走るATOではなく、遅延回復機能、乗り心地《ごこち》向上、省エネ運転など多様な機能を搭載した「高性能ATO」の開発を進めている。すでに山手線では、2018年度は加速、低速走行、減速、定位置停車など基本的な運転機能、2019年度は乗り心地や駅間での停車を防ぐための運転制御、2020年度には運行管理機能の試験を実施している。

2022年度には初めて日中、営業列車に混ざって加速、惰行《だこう》、減速などの運転機能や乗り心地を試験した。実験が好成績を収めたことから、現在は検討の深度化と車両改造の準備を進めているという。

山手線は2028年頃にまず、現行の信号保安装置「D-ATC」でATO運転を開始。その後、山手線と京浜東北線にATCより細かい制御が可能な無線式列車制御システム「ATACS」を導入し、高性能ATO運転を開始する計画だ。

なぜ、高性能ATOにATACSが必要なのか。ATACSは、車両載装置で列車の位置を常時検知し、地上装置と双方向無線通信することで、より精密に列車を制御するCBTC（無線式列車制御装置）と呼ばれるシステムの一種だ。

CBTCは東京メトロや東急が導入に向けて準備を進めているが、JR東日本はCBTCに、運行管理や踏切制御などさまざまな機能を追加した総合的なシステムとしてATACSを開発し、2011年に仙石《せんせき》線、2017年には埼京線に導入した。山手線、京浜東北線には2028年度から2031年度にかけての導入が予定されており、2030年代までに首都圏の全路線に展開する計画だ。

ＡＴＣは線路上に流れる信号情報を取得することで、それぞれの列車が先行列車との距離を把握し、リアルタイムに速度を制御している。一方、ＡＴＡＣＳは全列車の在線位置を無線でリアルタイムに通信しているため、路線全体の運転間隔を考慮して個別の列車を制御する「群制御」が可能で、指令所を介さずに自動的に列車間隔を調整できるというわけだ。

自動運転の研究は新幹線でも進んでいる。高架とトンネルで構成され、踏切のない新幹線は、地下鉄や新交通システムと似た特性を持っており、条件面だけなら山手線より自動運転の導入が容易だからだ。

２０１８年に「変革２０２７」で将来的な新幹線のドライバーレス運転の実現を掲げると、２０２１年には上越新幹線新潟駅と新幹線車両センター（車庫）を結ぶ回送線で、Ｅ７系新幹線車両を用いた自動運転走行試験を実施した。２０２３年５月には、２０２０年代末に上記回送線で「ＧｏＡ４」、２０３０年代中頃には上越新幹線の東京〜新潟間で「ＧｏＡ３」のドライバーレス運転を開始すると発表し、あわせてＪＲ西日本と協力して、同じ車両を用いる北陸新幹線への導入を検討するとした。

運行系統が複雑で、さまざまな車両が走る東北新幹線への導入は課題が多いが、将来的にはすべての新幹線がドライバーレス運転になることは確かだろう。

２章 数字と歴史で読み解く鉄道事業

「もう後はない」…国鉄分割民営化に向き合ったＪＲ東日本

国鉄分割民営化によって１９８７年に誕生した東日本旅客鉄道（ＪＲ東日本）は、発足初年度から経常利益約76・６億円、純利益約27・４億円を計上し、世間はサービス向上、増収努力、生産性向上の「民営化効果」に驚いた。

ＪＲ東日本第２代社長の松《まつ》田《だ》昌士《まさたけ》氏は後年、「もう後はないという危機感に加え、顧客第一主義、現場第一主義、縦割り主義の打破、コスト意識の徹底などの意識改革が民営化を成功させた」と述べている。全国一律の経営から、地域ごとのニーズに寄り添った経営に転換したことも大きな要因だろう。

国鉄の問題は多岐《たき》にわたるが、破綻《はたん》の直接的な要因は約25兆円に達した長期債務と、それにともなう利払いだ。「日本国有鉄道」という名称から誤解されがちだが、1949年に設立された日本国有鉄道は、独立採算の公共企業体である。列車の運行から設備更新、新線建設に必要な資金はすべて運賃収入、債券の発行、政府や民間からの借り入れでまかなっていた。

高度経済成長が始まると輸送需要は飛躍的に増大し、既設線の抜本《ばっぽん》的な改良、新線の積極的な建設が求められた。たとえば1957年に国鉄は、営業利益約156億円に対して約256億円を借り入れており、その額は1960年に約739億円、1963年に約1776億円へと膨《ふく》れ上がった。

1960年9月の国鉄諮問《しもん》委員会答申「いかにして国鉄経営を改善すべきか」、1963年5月の同答申「国鉄経営の在り方についての答申書」が「このままでは国鉄は破綻を免《まぬか》れない」と警告しているように、当時から危険性は認識されていた。

国鉄は東海道新幹線が開業した1964年に単年度赤字に転落するが、翌1965年に通勤輸送、幹線輸送の拡充、安全対策の強化などからなる総額約2兆9000億円の第三次長期計画を策定した。この投資は現在もJR東日本の経営を支えており、けっして無駄ではなかったが、資金不足を借金で埋めざるを得なかった。

1970年度の国鉄は約1517億円の純損失を計上し、長期債務は約2兆6000億円に達した。1969年に始まった国鉄再建計画は効果のないままオイルショックを迎え、物価や人件費の高騰で国鉄経営は完全に行きづまった。やがて利払いのための借金をせざるを得なくなり、雪だるま式に債務は増大。国鉄最後の10年間で長期債務は約15兆円増加し、利払いは年1兆円以上に達した。

国鉄末期は約3兆7000億円の収入と5000億円以上の政府補助金があったが、人件費に2兆円以上、長期債務の利息として1兆円以上を払っていた。それでいて毎年約1兆円の投資を継続していたのだから、「経営」以前の問題であった。

JR本州3社は最終的に、長期債務総額約37兆円（鉄道建設公団債務、本四《ほんし》公団債務など含む）の4割にあたる約14兆5000億円を負担した。JR本州3社は民営化初年度、合計約3000億円の営業外費用を計上しているが、このすべてを利払いとみなした場合でも、国鉄最終年度の約1兆5000億円から5分の1になった計算だ。

もちろん、計3000億円の負担はけっして軽いものではない。各社は民営化からしばらく債務削減に追われることになったが、どうしようもない赤字を背負うのと、頑張れば利益を積み上げられるのとでは、組織の活力が変わるのは当然だ。逆にいえば、国鉄の経営が行きづまり、職場が荒廃していったのは文字通り「貧《ひん》すれば鈍《どん》する」という状況だったのだろう。分割民営化とはそうした設計のもと、行なわれたのである。この教訓からＪＲの経営は、長期債務と金利のコントロールが根幹《こんかん》にある。

　国鉄のもうひとつの足かせが人員問題だった。国鉄は戦後、国の求めに応じて南満州鉄道や朝鮮鉄道の旧職員や引き揚げ者を大量に受け入れたことで40万人以上の職員を抱えていた。彼らは１９７０年代以降、定年退職を迎え、職員数は30万人を割ったが、退職金、年金負担が重くのしかかった。また、彼らの穴埋めのために大量採用が行なわれた。

　１９８６年度期首時点の国鉄の職員数は約27・７万人、国鉄再建監理委員会は新会社の適正社員数を計18・３万人と定めたため、約９・４万人の「余剰《よじょう》人員」の処遇が問題になった。結局、民営化までに約５・２万人が退職し、約２・１万人が国鉄清算事業団預かりとなり、ＪＲ合計で約20万人、ＪＲ東日本は約８・２万人を採用した。

　民営化後、自動改札機の導入など経営合理化が進んだことで、単体社員数は１９９７年度に８万人を割り、２００７年に約６・２万人、２０１７年度は約４・８万人まで減少している。駅業務のグループ会社への委託が増えているため、連結社員数で見るとそこまでドラスティックな変化はないのだが、国鉄時代のトラウマから、要員数と人件費をシビアに管理していることが伝わってくる。

　そして、ＪＲが順調にスタートできたのは、民営化と同時に訪れたバブル景気の恩恵が大きかった。経済活動の拡大はビジネス、レジャー需要の増加をもたらした。本当の「民営化効果」が発揮されるのは、こうしたニーズに応え、駅の接遇や設備の改善、駅併設店舗の開発、新型車両の導入などのサービスアップを次々と実行してからのことである。JR東日本の鉄道運輸収入が1987年度から1990年度にかけて16％増加したのは、その成果だ。

JR本州3社の順調な経営を受けて、政府は株式上場に向けて動き出す。もともと1985年10月の閣議決定「国鉄改革までの基本方針」で、「JR各社の経営基盤の確立等諸条件が整い次第、逐次株式処分し、できる限り早期に純民間会社に移行する」方針を立てており、1989年12月の閣議決定で「遅くとも、平成三年度には処分を開始する方向で検討、準備を行う」とした。

だが、JRの株式上場にはひとつ大きな問題があった。国鉄民営化にあたって本州の鉄道は東日本、西日本、東海の3社に分割されたが、新幹線については建設時期の違いから線区ごとに資産額と収益力に大きな格差があったため、特殊法人「新幹線鉄道保有機構」が新幹線を一括して保有し、各社に有償で貸し付けていた。

このスキームでは、機構が引き継いだ国鉄債務約5兆7000億円を30年元利均等償還《しょうかん》する年間約7100億円を、リース料の総額として各路線の輸送量実績などをもとに配分する。当初のリース料は1年あたり東海道新幹線が約4200億円、東北・上越新幹線が約2000億円、山陽新幹線が約900億円とされた。

当時最新の東北・上越新幹線の建設費は1km あたり約60億円だったが、20年以上の歴史がある東海道新幹線は約6億円だった。簿価《ぼか》、時価どちらで見ても東北・上越新幹線が最大になるが、そのまま反映するとJR東日本の負担が重すぎるため、収益力の高い東海道新幹線を運行するJR東海が貸付料を多く負担し、収益調整を行なう仕組みだった。

しかし、機構が施設を保有するにもかかわらず、設備の維持更新はJRが負担しなければならず、また設備投資が減価償却費《げんかしょうきゃく》として計上できない問題があった。リース終了後の資産の取り扱いが不透明で、上場にあたって各社の資産と債務を確定させる必要があることから、機構は1991年10月、設立からわずか4年半で廃止され、3社は新幹線を買い取った。

国鉄債務は各社の収益力を反映した比率で継承したが、新幹線譲渡価格はリース料と同率となったため、JR東日本は東北・上越新幹線を本来の価値より割安で手にしたともいえる。見方を変えれば、両路線の収益性が確保できたからこそ、1990年代以降の積極的な投資と輸送量の増加につながったのだ。

懸案《けんあん》の機構が解体され、上場基準を満たしたJR東日本とJR東海は、1991年度の上場を求めたが、そうこうしているうちにバブルは崩壊してしまった。1989年末に3万8915円を付けた日経平均株価は、1990年末に2万3848円、1991年末に2万2983

円となり、１９９２年８月18日に１万４３０９円の最安値を記録した。

政府は１９９１年度、１９９２年度と売却を２度延期したが、ようやく１９９３年にＪＲ東日本株２５０万株を売却した。その後、１９９６年にＪＲ西日本株１３６万株、１９９７年にＪＲ東海１３５万株を売却。ＪＲ東日本は１９９９年、２００２年に残る１５０万株を売却し、完全民営化を達成する。続いてＪＲ西日本が２００３年、ＪＲ東海が２００６年に完全民営化した。

業界内でも桁違い！ ＪＲ東日本の鉄道ネットワーク

ＪＲ東日本で副社長、会長を務めた山之内《やまのうち》秀一郎《しゅういちろう》氏の著書『新幹線がなかったら』（東京新聞出版局）は、「世界の鉄道利用客の半分は日本？」という刺激的な見出しで始まる。曰《いわ》く、１日に鉄道を利用する人は世界で１億６０００万人、そのうち日本が６２００万人だという。半分とはいかないまでも、４割が日本人という計算だ。

ただし、山之内氏も補足しているように、これは各路線の利用者数を積み上げた数字であり、民営鉄道事業者が分立する日本では１人が乗り換えるたびにカウントされるため、実態を正確に表しているとはいえない。鉄道の位置付け、役割は国や地域ごとに異なり、輸送人員の比較で大小または優劣を論じることはできない。

この書籍が出版された1998年当時、中国の鉄道路線網は約6万kmで、高速鉄道も未開業だったが、現在は在来線総延長約15万km、高速鉄道約4・5万kmに達している。北京地下鉄も2路線約54kmだったのが27路線727kmまで拡大し、利用者数は1日1000万人に達した。経済成長著《いちじる》しいインドも、1日2000万人以上の鉄道利用があるようだ。

それでも、日本の鉄道利用者が世界的な規模なのは確かで、今も1日あたり6000万人以上の鉄道利用があり、JR東日本はそのうち1500万人以上。イギリス、ドイツ、フランスをあわせた約1400万人を上回る利用がある。ここではひとまず、JR東日本が世界でも有数の規模を誇る鉄道事業者であることと、1500万人（往復利用とすれば750万人）以上の利用者と日常的な接点を持っていることを確認して国内の比較分析に移りたい。

世界的鉄道事業者であるJR東日本の存在感は、国内鉄道業界においても桁《けた》違いだ。日本の旅客鉄道の総延長は約2・7万kmだが、JR東日本はその4分の1にあたる約7400kmで、170社以上存在する私鉄の総延長を上回る。

輸送量を示す「旅客人キロ」を、コロナ前のデータになるが、2018年度鉄道統計年報をもとに比較すると、JR東日本の約1375億人キロに対し、それ以外のJR5社が約1400億人キロ、全私鉄の合計が約1470億人キロで、おおむね3分の1を分け合っている。つ

旅客営業キロと旅客人キロの割合(2018年度)

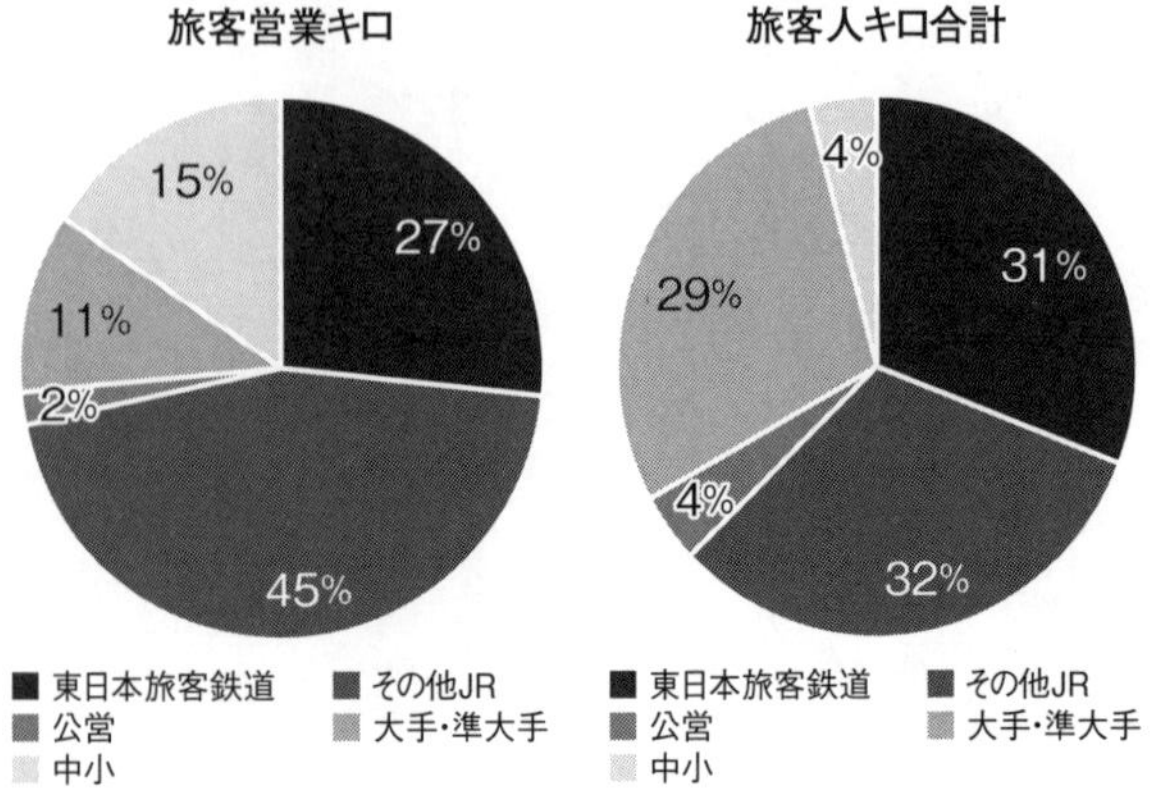

出典:平成29年度鉄道統計年報

まり、ＪＲ東日本は１社でＪＲ５社、全私鉄に匹敵《ひってき》する規模の輸送を行なっているのだ。

　ＪＲ東日本の営業キロ約６４００㎞を分解すると、新幹線が約１２００㎞、関東圏（首都圏本部、横浜支社、八王子支社、大宮支社、高崎支社、水戸支社、千葉支社）が約２５００㎞、その他（東北本部、盛岡支社、秋田支社、新潟支社）が約２７００㎞だ。

　輸送量は新幹線が約２３７億人キロ、在来線が約１１３８億人キロ、そのうち約１０８１億人キロが関東圏だ。関東の大手私鉄、中小私鉄、公営鉄道の合計が約１０５２億人キロなので、ＪＲ東日本は半分のシェアを握っていることになる。なお、在来線に占《し》める関東圏の割合はコロナ後も変わっていない。

　最新の２０２３年度決算データは、新幹線の輸送量が約２１２億人キロ、在来線が約９８４億人キロ（うち関東圏約９３３億人キロ）、鉄道運輸収入は新幹

JR東日本「鉄道運輸収入」の割合（2023年度）

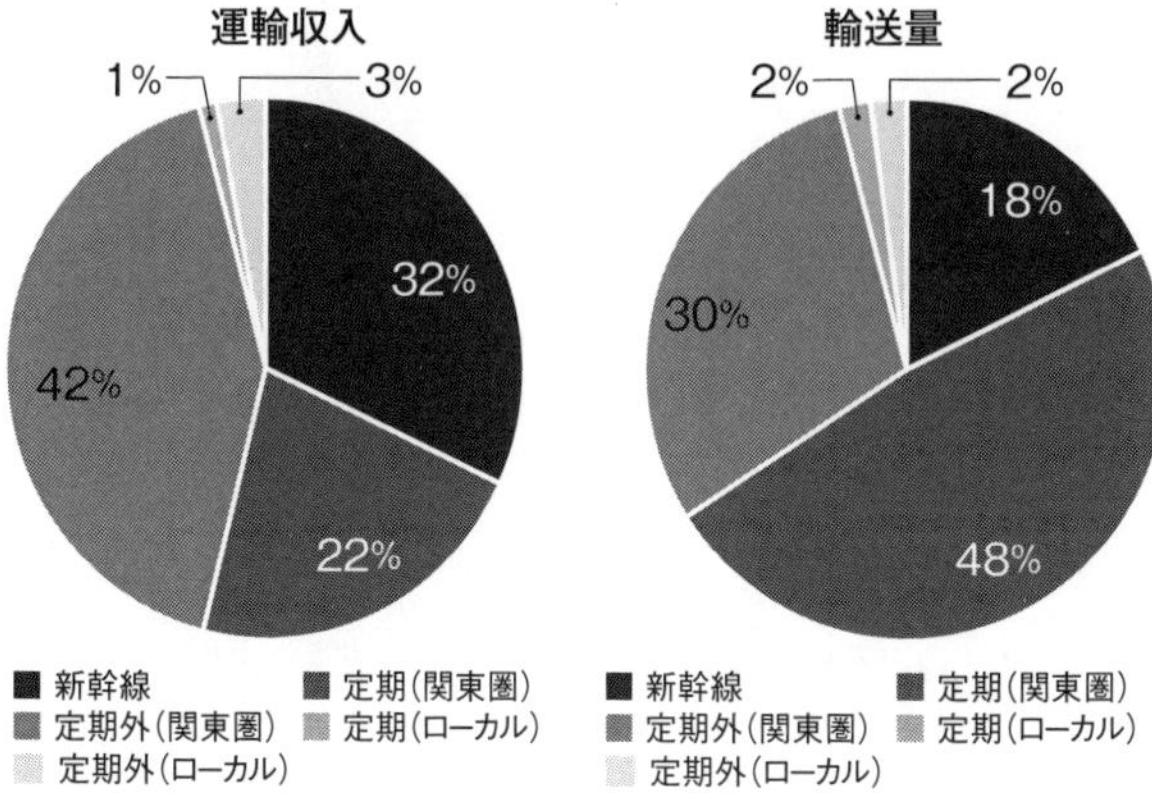

出典:2023年度決算資料

線が約5374億円、在来線が約1兆1391億円（うち関東圏約1兆775億円）だ。なお、路線別収入は東京23区内を走る山手線、埼京線、東海道線、総武線、京葉線、中央線、東北線、常磐線の8路線（東海道線、東北線は京浜東北線を含む）で5割、新幹線を加えると8割に達する。

ＪＲ東日本は、発足直後から首都圏通勤圏と新幹線に多額の設備投資を行なってきたが、その戦略は新幹線、在来線関東圏の輸送量と輸送力の推移、言い換えれば需要と供給のコントロールから見えてくる。なお、ＪＲ東日本の統計は2003年度まで「東京圏」（首都圏本部、横浜支社、八王子支社、大宮支社）」、2004年度以降は「関東圏」に変更されており、長期的な比較ができないが、前述の通り、在来線輸送量及び収入のほとんどが関東圏なので、在来線合計で代用することとする。

まずは輸送量（人キロ）の推移から見ていきたい。1987年度を基準にすると、1997年度の輸送量は新幹線が141％、在来線が119％となり、民営化10年で新幹線が大幅に伸びたことがわかる。2007年度は新幹線が164％、在来線が120％、2017年度は新幹線が193％、在来線が122％で、新幹線は増加し続けているが、在来線は横ばいだ。コロナ禍を経た2023年度は新幹線175％、在来線107％に低下した。

在来線輸送量を定期、定期外に分けると、1997年度は定期124％、定期外111％、2007年度は定期123％、定期外113％、2017年度は定期120％、定期外128％だった。1987年度から1997年度で定期輸送量が大きく伸びたのは、バブル期の土地高騰で都心近郊での住宅取得を断念した中所得層が50～70㎞圏へ流入し、遠距離通勤が増えたからだ。バブル崩壊後も定期輸送量の増加傾向はしばらく続いたが、1997年の金融危機で1996年度をピークに減少に転じた。

その後の定期輸送量は都心回帰・東京一極集中、リーマン・ショック、東日本大震災で増減した後、景気回復とともに2012年度から再び増加し、2018年度は22年ぶりに過去最高を記録した。定期外輸送量は1997年以降も伸び続け、2004年度以降は増加率が鈍化《どんか》するも、コロナ禍まで増加が続いた。

一方、列車の輸送力を示す「車両キロ」の推移は輸送量とは様相が異なる。車両キロとは、

輸送量・車両キロの比較推移

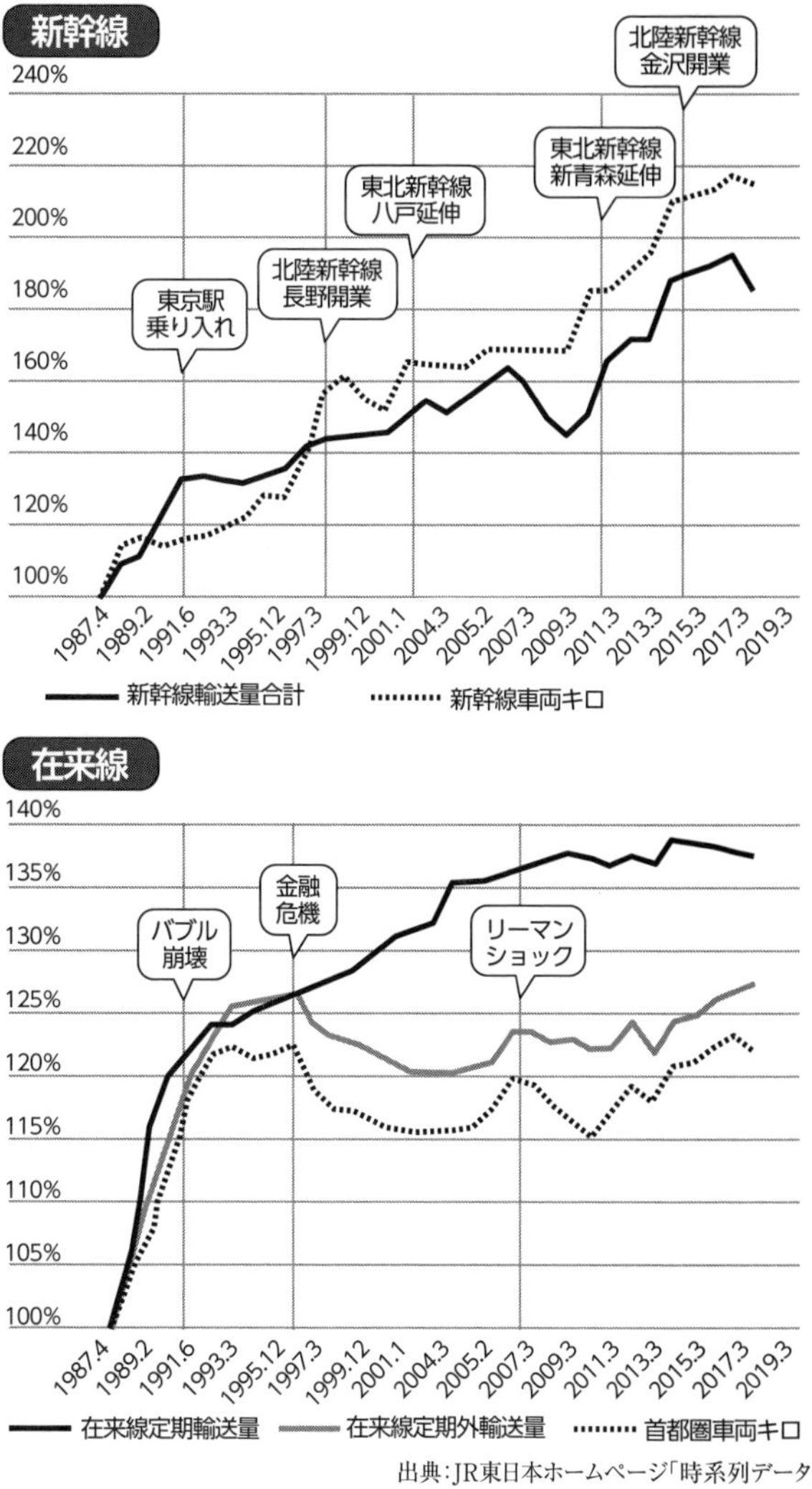

出典：JR東日本ホームページ「時系列データ」

鉄道輸送の作業量を測るひとつの指標で、全列車の走行距離の総和（駅間を通過する列車回数×駅間キロ）を示すものが「列車キロ」、列車キロに各列車の編成車両数を乗じたものが「車両キロ」だ。つまり、10両編成の列車が10キロ走った場合は「10列車キロ」「100車両キロ」になる。

同様に1987年度を基準に車両キロを見ると、1997年度に新幹線が139％、在来線関東圏が127％、2007年度は新幹線が169％、在来線関東圏が136％、2017年度は新幹線が214％、在来線関東圏が138％だった。

輸送量と輸送力を比較すると、ふたつのギャップが見えてくる。ひとつは、新幹線の1991年度から1997年度まで、輸送量の伸びが輸送力を上回った6年間。もうひとつは首都圏在来線の1997年度以降だ。民営化から輸送量と車両キロが同じペースで増加したが、以降は輸送量が増減をくり返しながらも、ほぼ横ばいなのに対し、車両キロは2015年度頃まで緩《ゆる》やかに増加を続けた。

バブル期の遠距離通勤が、発足直後のJR東日本を鍛えた

1985年のプラザ合意後、為替《かわせ》相場は1ドル240円から1986年には160円へ急激

に切り上げられた。政府は円高不況とデフレを警戒して公定歩合を順次引き下げたことで、通貨供給量が増加し、1986年11月頃を底に景気後退は回復局面に転じた。

1987年春頃から、輸入原材料を使用する内需向け産業主導で景気は急速に回復する。1987年10月にニューヨーク株式市場が大暴落する「ブラックマンデー」が発生したことで、政府は金融引き締めを見送ったこともあり、豊富な資金は大都市の土地と株式市場に流れこんだ。この結果、地価は1980年から1990年の10年間で商業地は6倍、住宅地は3・5倍に高騰し、全国証券取引所の時価総額は約80兆円からピークの1989年末には約600兆円に達した。

世の中がバブル景気に向けて突き進むなか、1987年4月にJRが発足した。バブル景気に前後して全国的なテーマパーク開設、リゾート開発ブームが到来し、人々もスキーやゴルフ、マリンスポーツを楽しんだ。

経済成長にともなうビジネス需要とレジャー需要で、新幹線利用は急速に増えていった。JR最初となる1988年3月のダイヤ改正では、上野〜仙台間「やまびこ」を6往復から15往復へ、一挙に9往復増発した。

そのなかでもとくに増えたのは、ボリュームは少ないながらも新幹線の定期利用だった。東京圏（東京都、神奈川県、埼玉県、千葉県）は人口約3800万人を擁《よう》する世界最大の都市圏である。1955年に約800万人だった東京都の人口は、高度経済成長とともに地方から人口流入が続き、1958年に900万人、1962年に1000万人、1967年には1100万人を突破した。

住宅地、商業地の土地需要が高まった結果、東京の地価は1955年から1975年まで年率2桁《けた》のパーセンテージで上昇し続け、東京都市圏は拡大を続けた。たとえば、1955年と1970年の人口を、東京都心から同心円状に10km間隔で区切って比較すると、0～10kmが約409万人から約375万人（0・9倍）、10～20kmが約402万人から約786万人（2倍）、20～30kmが約175万人から約538万人（3倍）、30～40kmが約166万人から約575万人（3・5倍）となっており、都市圏の急激な拡大がわかる。

東京の基幹路線である東海道線、中央線、東北線、常磐線、総武線の5路線の混雑率は、早くも1950年代後半には250～300%に達していた。1961年1月には、冬の着ぶくれで混雑する車内に無理やり乗りこもうとする人で、発車までに10～15分を要する駅が続出した結果、半月にわたり、朝ラッシュ時の中央線・京浜東北線がマヒ状態に陥《おちい》ったほどだった。

政府は輸送力の不足が経済成長を阻む隘路《あいろ》となることを懸念《けねん》し、国鉄に抜本的な対策を促した。国鉄は従来の設備投資計画を中止し、東京圏における通勤輸送力増強「五方面作戦」を含む「第三次長期計画」を1965年に策定する。

当時の国鉄は、都心でも通勤列車と中長距離列車が同一の線路を使用している区間が多く、増発やスピードアップの妨《さまた》げとなっていたため、主要路線の複々線化、三複線化に着手した。現在のJR首都圏の鉄道ネットワークのほとんどがこのときに作られたものだ。

1兆円以上を投じた大プロジェクトの結果、1970年代に入ると混雑率は200%近くに低下したが、その後も首都圏の人口増加、通勤利用者の増加が続いた。1980年代には混雑率は再び250%に達していたが、そこにバブル景気が到来した。

土地投機の影響で東京の住宅地1平米あたりの地価（用途別地価の平均価格）は、1985年の約29万7000円から1990年には約85万9000円と3倍近くになり、首都圏の新築マンション平均価格も約2683万円から約6123万円に高騰した。

近隣の神奈川県も約16万3000円から約35万1000円、埼玉県は約12万9000円から約26万6000円、千葉県は約10万8000円から約26万8000円と、周辺3県の地価は1985年の東京に匹敵する水準まで上昇した。東京近郊での住宅取得は困難になり、住居は勤務地からどんどん離れていった。

そこで地価暴騰の東京を脱出して、宇都宮、高崎、小田原、静岡にマイホームを建てて新幹線で通勤する人が増え始めた。政府は1989年1月に通勤手当の非課税限度額を月2万6000円から5万円に引き上げ、新幹線通勤を推進。企業も積極的に通勤費を支給したため、新幹線の定期利用者数は１９８５年から１９９１年で約10倍に増加した。

東北・上越新幹線の抱える問題がターミナルだった。１９８５年の大宮〜上野間延伸開業で念願の都心乗り入れを果たしたが、神田付近の土地取得が難航したため、本来の始発駅である東京駅に到達する目途は立たなかった。しかも、上野駅の新幹線ホームは地下33ｍにあり、在来線への乗り換えに10分以上を要したため、早期の東京延伸を求める声が高まった。

ＪＲ東日本としても、新幹線の価値を高めるには東京乗り入れが欠かせない。民営化後は新幹線保有機構のもとで工事は進み、１９９１年６月に上野〜東京間が開業したが、わずか３・６㎞に費《つい》やされた工事費は約１２８２億円に達した。

１９９０年度以降、新幹線輸送量は増加のペースを高めた。１９８７年度を基準とした輸送量は、１９８９年度は１１２％だったが１９９０年度は１２２％、１９９１年度は１３３％と急激に増加。この間の増加率は東海道新幹線を超えている。

当時の輸送力不足を象徴するのが、座席定員を重視したオール２階建て新幹線の開発だ。１９９４年にデビューしたＥ１系の定員は、通勤・通学輸送の増加に対応すべく２００系新幹線の４割増となる１２３５人（12両編成）。さらに１９９７年に登場したＥ４系は８両編成で定員８１７人とし、４００系、Ｅ２系、Ｅ３系との連結だけでなく、２編成併結《へいけつ》で定員１６３４人を実現可能とした。

在来線の状況も同様だった。民営化後4年間で首都圏普通列車の1日あたり車両キロは、１９８７年度の約２９８・１万キロから１９９０年度の約３５７・５万キロへと、大手私鉄１社分に相当する約60万キロも増発されているが、重点が置かれたのは近郊区間の増発や着席サービスの拡充、速達性向上など遠距離通勤への対応だった。

当時、ＪＲ東日本が掲げていたのが「東京圏70㎞60分構想」だ。１９９２年の運輸白書によると、都心3区（千代田区、中央区、港区）を目的地とする通勤・通学者のうち、所要時間60分未満は１９８５年から１９９０年までほぼ横ばいだが、60分以上90分未満は約22万人、90分以上は約11・５万人増加している。

長時間、満員電車に揺られて疲弊《ひへい》する通勤者の利便性・快適性向上を目的に、東海道線、宇都宮線、高崎線、常磐線、総武線をスピードアップして、都心から小田原、小山、深谷、土浦、木更津の70㎞圏を1時間で結ぼうという計画である。

停車時間も含む平均速度を「表定《ひょうてい》速度」というが、表定速度時速70㎞超は在来線特急列車の速度域だ。在来線普通列車でも京阪神の新快速、中京圏の特別快速・新快速、つくばエクスプレス快速など例がないわけではないが、ＪＲ東日本発足時の首都圏主要路線の表定速度はおおむね時速50㎞台で目標には程遠かった。

要因のひとつは車両にあった。中央線を除けばいずれも特急列車が時速１２０～１３０㎞で走行する高規格路線だったが、JR発足から2000年代初頭まで、国鉄時代に設計された最高速度時速100㎞の旧式車両が残っていたため、速度向上の余地が小さかった。

そこで最初に手を付けたのは、快速列車の設定だ。停車駅を減らし、停車時間を削減すれば表定速度は向上する。1988年3月のダイヤ改正で東海道線に「アクティー」、東北線に「スイフト（通勤快速）」「ラビット」、高崎線に「タウン（通勤快速）」「アーバン」を新設した。

1990年3月に京葉線が東京延伸開業すると、外房・内房線から京葉線に乗り入れる快速列車が誕生した。また70㎞60分構想の対象外ではあるが、中央線にも1989年、遠距離通勤に対応した富士急行線河口湖行きの「通勤快速」が登場した。

ただ、過密ダイヤの上り朝ラッシュの速達化は困難で、たとえば東海道線の下り湘南ライナーや日中のアクティーは東京〜小田原間を1時間10分程度で結んだが、上り湘南ライナーは1時間25分程度を要している。宇都宮線、高崎線も日中と夕夜間下り快速は小山、深谷まで1時間強だったが、朝ラッシュの上り快速は設定されなかった。

JR東日本初代社長の住田正二《すみたしょうじ》氏は1992年の著書『鉄路に夢をのせて』で、「今、日本経済を支えている若いサラリーマンにとって一番大きな悩みは、マイホームを持てないという事であろう」として、「東京圏における住宅問題解決の前提となるのは、交通手段の確保、すなわち鉄道の確保だ」と述べている。

民営化後に設定された快速列車

	営業キロ	所要時間(※)	表定速度(※)
東海道線(東京〜小田原)	83.9	約1時間30分	55.9 km/h
		約1時間10分	71.9 km/h
宇都宮線(上野〜小山)	77.0	約1時間20分	57.8 km/h
		約1時間 5 分	71.1 km/h
高崎線(上野〜深谷)	73.5	約1時間30分	49.0 km/h
		約1時間 5 分	67.8 km/h
常磐線(上野〜土浦)	66.0	約1時間 5 分	60.9 km/h
		約1時間10分	56.6 km/h
総武線(東京〜木更津)	74.3	約1時間25分	52.4 km/h
		約1時間15分	59.4 km/h

※上段は1987年、下段は1990年

＊JR時刻表より筆者が作成

この頃、日米経済摩擦を背景としたアメリカの強い要望に応えるかたちで、日本政府は１９９０年に「公共投資基本計画」を閣議決定し、１９９１年から２０００年度に総額４３０兆円の公共投資を行なうと決定していた。

住田氏はこの投資を「思い切って鉄道に資金を回してもよいではないか。公的資本を投入すれば、80キロ圏ないし１２０キロ圏と都心とを１時間で結ぶことは夢ではない」と述べ、「夢の１２０キロ圏１時間通勤新線」を唱えている。実現性はともかく、こうした構想が語られるほどの状況だった。

速達性向上とあわせて進んだのが、着座サービスの強化だ。グリーン車については後述するが、民営化後、一気に拡大したのが通勤ライナーだ。

「ホームライナー」は国鉄末期の１９８４年、「帰宅ラッシュ時間帯に車庫回送する特急車両にお客を乗せられないか」という国鉄職員の提案から誕生し、やがて通勤時間帯は出番のない特急車両を「ライナー列車」として積極的に走らせるようになった。

民営化後は、サービス向上と増収の一挙両得となるライナーを一層拡充した。1986年に誕生した東海道線「湘南ライナー」は毎年のように増発されたが、需要に追いつかなかったため、1992年にオール2階建て10両編成（座席定員普通車830人、グリーン車180人）の専用車両215系が投入されている。

1988年7月には東北線「ホームライナー古河」、高崎線「ホームライナー鴻巣《こうのす》」、1989年3月には常磐線に「ホームライナー土浦」が誕生。1990年3月には常磐線「おはようライナー土浦」、横須賀線「おはようライナー逗子《ずし》」など朝ラッシュ時の上りライナーも新設された。1991年3月には中央線、青梅線方面にも「ホームライナー」「おはようライナー」が設定され、人気を博した。

車両開発の革新と車両製造参入でコスト削減を達成

親切になった駅員、綺麗になったトイレ、便利になったダイヤ、民営化効果はさまざまなところに現れたが、利用者がもっとも変化を実感したのは、1990年頃から次々に導入された新型車両だったかもしれない。

ＪＲ東日本が１９９1年に出版した『鉄道ルネッサンス 未来へのデザイン』（丸善出版）には「民営化後、従来の延長線上のイメージを持つ車両の開発・投入ではなく、目指すべき輸送サービスとは何か、どうあるべきかのコンセプトを明確化し、これに合致《がっち》するデザイン、機能を備えた車両を開発する方針を立てた」とある。

その第1弾となったのは、土浦、水戸、日立、いわきなど工業都市が並ぶ常磐線の特急「ひたち」だった。好景気を背景にしたビジネス需要の高まりで「ひたち」の平均乗車率はトップレベルだったが、設備の老朽化と高速バスとの競合が課題となっていた。

「ニュースタンダード」をコンセプトに開発された６５１系は、ダイナミズムと柔らかさを感じさせる三次曲面を取り入れた形状に、「タキシードボディ」と呼ばれた白と黒、グレーを基調とする車体色を採用。代わり映えしなかった国鉄特急のイメージを一新した。また、在来線では初の時速１３０㎞運転、居住性の高い落ち着いた内装でビジネスユースに応《こた》えた画期的車両となり、１９８９年3月に「スーパーひたち」としてデビューした。

並行して開発されたのが、伊豆半島へのアクセス特急「踊り子」向けの新型車両、２５１系「スーパービュー踊り子」だ。

さまざまなニーズに応えた複数の座席形態、サービスカウンター、広い窓、眺《なが》めの良いハイデッカー構造の採用など、リゾート列車の専用車両とすることで斬新なエクステリア、インテリアを可能とした。251系「スーパービュー踊り子」は1990年4月に営業を開始。東京西部や埼玉からの旅行客をメインターゲットに据《す》え、3往復中2往復が池袋・新宿に乗り入れた。

翌1991年3月には、空港アクセス特急「成田エクスプレス」専用車両として253系が登場した。当時の京成成田空港駅はターミナルビルから遠かったため、成田新幹線計画（1986年中止）の跡地を流用してJRと京成を空港ターミナルビル直下に乗り入れさせる計画が浮上し、JR東日本が空港アクセスに参入することになった。

成田エクスプレスはJR東日本のネットワークを活用し、成田空港〜東京間だけでなく、編成を分割し、池袋・新宿、横浜に直通。バブル景気を背景に急増した海外旅行者を空港に送り届けた。赤、白、グレーの3色を大胆に配置したエクステリアや、航空機をイメージしたハットラック式荷物棚の設置など、新時代の空港アクセスを象徴する車両となった。

1993年12月に登場したE351系は、中央道・長野道の高速バスに対抗するためカーブで車体を傾けて乗り心地《ごこち》を確保しつつ、速度を向上する制御式振子《ふりこ》装置を導入し、最高営業速度を時速130㎞に向上。1994年12月から「スーパーあずさ」として運転を開始し、甲府まで7分、松本まで12分の時間短縮を実現した。

651系やE351系からもわかるように、JR各社はこの頃、新幹線・在来線の高速化に注力していた。新幹線では1990年頃から高速化技術の試験車両の検討が始まり、1992年にJR東日本の「STAR21」、JR西日本の「WIN350」、1994年にJR東海の「300X」が登場。在来線では1989年から1990年にかけてJR東日本、JR西日本、JR九州、JR北海道が一部線区で最高速度を時速130㎞に向上。青函トンネルでは時速140㎞運転も始まった。

日本鉄道技術協会誌『JREA』1989年4月号の「高速鉄道」特集で、「スーパーひたち」の時速130㎞運転に続く在来線高速化について、JR東日本の担当者は「4～5年後を目標に最高速度時速160㎞の営業運転」を開始し、続いて「最高速度時速200㎞程度の営業運転」を目指す、と具体的な目標を述べているから驚きだ。

同社はバブル崩壊後も、最高速度160㎞以上の営業運転を想定した試験車両E991系「TRY-Z」を製造し、1994～1999年まで高速走行試験を行なっている。しかし、在来線の高速化は法令面、採算面で課題が大きく、北越《ほくえつ》急行ほくほく線や青函トンネルなど、ごく一部の区間を除き、実現しなかった。

革新は特急形車両にとどまらなかった。むしろJR東日本のみならず、現代の通勤形車両の基礎を作り上げたといえるのが「寿命半分、重量半分、価格半分」をコンセプトに開発された「新系列車両」209系だ。

「半分」とはあまりに大胆だが、コンセプトを決定した山之内秀一郎副社長（当時）は２００８年の著書『ＪＲはなぜ変われたか』（毎日新聞社）で、「１両の電車がその寿命を終えるまでにかけている修繕費用を計算したところ、新車を買うよりはるかに大きな金額がかかっていることがわかったことがきっかけだった」と振り返っている。

技術とデザインの変化の激しい時代に、いくらなんでも30年近く使うというのは、どう考えてみてもおかしい。そこで、鉄道車両の寿命を半分にできないかと考えた。だがそれでは経理部門から一蹴《いっしゅう》されることは目に見えている。それならと今度は車両の価格も半分にできないかと考えた。そうすればかかる総経費は同じで、修繕費が低下するだけ経費の削減になる。

実現は容易ではなかったが、山之内氏は国鉄の高コスト体質を改めれば、半分とまではいかなくても、かなり下がる可能性があると考えた。

国鉄時代の車両製造は、国鉄が作成した基本設計に沿って、各車両メーカーが同じものを造っていた。これに対して２０９系ではＪＲ東日本がグランドデザインを設定し、大手車両メーカー５社で開発コンペを行ないコスト削減のアイデアを募《つの》った。結果的に川崎重工業と東急車輛製造の２社が受注するが、製造方法はあえて統一せず、各社に任せることでコスト削減を図った。

ただし、実際には新造費用だけで価格半分を達成するのは難しい。そこで開発陣は、新造費用にオペレーション費用、保守費、廃車費用など車両の一生のうちにかかる費用を加えた「ライフサイクルコスト」をミニマム化することで、実質的な費用を半分にすることにした。

ここで「寿命半分」が改めて重要になった。鉄道車両の寿命は通常25〜30年とされ、6年ごとに機器や内装をすべて取り外して行なわれる「全般検査」など、かなりの人手をかけてメンテナンスやリニューアルを行なっている。そこで「13年間、走行200万㎞までオーバーホール不要」を基本仕様とすることで、メンテナンス費用を削減しようと考えた。

「13年」とは電車の税制上の減価償却《げんかしょうきゃく》期間をふまえた数字であり、機械としての寿命ではない。13年で廃車しても会計上は問題ないため、リニューアルして継続使用するのか、新型車両に置き換えるのか、技術革新や旅客ニーズの変化をふまえた経営判断が可能になる。

「重量半分」はコスト削減にもつながる。既存の車両は強度上の余裕を大きくとり、必要以上に頑丈に、重くなっていたため、強度基準の範囲で「贅肉《ぜいにく》」を削《そ》ぎ落とした。鋼製車体より軽いステンレス車体に、シンプルで軽量なボルスタレス台車という構成は、国鉄末期に開発された205系電車と同様だが、ステンレス板を従来の1・5㎜から0・3㎜薄くし、台車も構造も変更し、さらに軽量化した（ただし、外板や内装の劣化が激しいなどの問題も生じた）。

また、モーターの制御方式にＶＶＶＦインバータ制御を採用することで、動力車を1編成10両あたり6両から4両に削減。モーターの付いた重い車両が減るため、編成全体での軽量化に成功した。国鉄を代表する通勤電車である１０３系を基準に編成重量を比較すると、２０５系は19％減だったが、２０９系は34％減となった。

車両の軽量化は動力コストの低減のみならず、車体重量が大きく影響する線路の保守費用削減にも効果がある。車体本体の製造費用では２０５系から30％低減したが、これら動力費、保守費用のコスト削減を加味すれば、ライフサイクルコストは40％減となった。重量、価格とも目標の半分には達しなかったが、狙い通りのブレイクスルーを生み出した。

このほかにも２０９系が採用した「ドア上のＬＥＤ式案内装置」「1人分の座面がへこんだバケット型のシートを採用したロングシート」「2人・3人・2人で分けるスタンションポール」などは、通勤電車のスタンダードとなり、他路線・他社にも普及していく。

ＪＲ東日本の挑戦はこれにとどまらなかった。みずから車両製造に乗り出したのである。民営化当初、同社の保有する電車は新幹線を含めて約1万１０００両だったが、うち約６５００両が更新対象だった。また２０９系のコンセプト「寿命半分」を考慮すれば、車両更新のサイクルはこれまでより短くなるので、長期的に安定した需要が見込まれる。

内製化には、さまざまなメリットがある。車両のトータルコストは「開発コスト、製造コスト、メンテナンスコスト」の合算だが、開発から製造、運用、メンテナンスまで一貫《いっかん》して行なうことで、それぞれのコストを最適化できる。車両を外注する場合にもノウハウは活《い》かされる。さらに、利用者や現場の声を迅速にフィードバックできるのも利点であり、余剰《よじょう》人員の活用先としても期待された。何より、自らものづくりを手がけることは、技術部門の社員にとって大きなやりがいとなる。

1991年に車両製造参入が決定すると、拠点に選ばれたのが新潟県の新津《にいつ》工場だった。鉄道事業者の参入に警戒感を示す大手メーカーも少なくなかったが、ステンレス車両の先駆者である東急車輛、プラントエンジニアリングに実績を持つ三井造船の協力を得て、構想は具体化していった。

車両製造への進出は209系の存在が前提だった。これまでの鉄道車両製造はハンドメイドの少量生産だったが、新津工場では自動車生産を参考に、プレス工法の採用や溶接ロボットの導入、内装のユニット化や、機器や配線、配管の取り付け工程の効率化など大量生産を前提に設備を整えた。

「新津車両製作所」は1994年に開所し、1995年度に操業を開始。209系とその発展型であるE217系、E231系など首都圏通勤路線向け車両を製造したほか、相模《さがみ》鉄道や都営地下鉄新宿線など社外の車両も手がけ、2005年度までに約2300両を製造した。

２０１２年４月には、事業立ち上げに協力した東急車輛製造が車両製造事業をＪＲ東日本に譲渡し、「総合車両製作所」が発足。ＪＲ・私鉄・公営地下鉄などさまざまな顧客に対し、新幹線車両、在来線特急車両、気動車など多様な車両を手がける東急車輛がグループに加わったことで、ＪＲ東日本の車両製造事業は、業界4番手に躍進した。

総合車両製作所は、２０１４年に新津車両製作所の車両製造事業を経営統合した。２０２２年度の売上高は約３７０億円、営業利益は約10億円で、ＪＲ東日本の運輸事業セグメントの一角として存在感を発揮している。

五方面に延びる新幹線ネットワークと在来線直通運転の拡大

ＪＲ東日本は１９８７年から１９９７年まで、民営化後の10年間を新幹線ネットワークの拡充に注力した。

いわゆる整備新幹線のひとつである北陸新幹線は、オイルショックによって計画がストップし、国鉄の経営悪化を受けて１９８２年に凍結された。ところが分割民営化が決まると、事業を国鉄（ＪＲ）から分離し公共工事として継続することになり、１９８７年1月に凍結が解除された。

1988年に整備新幹線の着工順位が決定し、最初の区間に北陸新幹線高崎〜軽井沢間が選ばれた。当初は事業費圧縮のため、軽井沢〜長野間は在来線を改軌《かいき》するミニ新幹線として整備する計画だったが、1991年に長野オリンピックの開催が決定すると同区間はフル規格に変更され、1997年10月に「長野行新幹線」として開業した。

1992年の民営化後、最初の路線として開業したのが「山形新幹線」だ。だがこれは東北新幹線東京〜福島間と在来線奥羽本線福島〜山形・新庄を直通する新幹線在来線直通運転、いわゆる「ミニ新幹線」という運行形態であり、厳密には新幹線ではない。

軌間の異なる新幹線車両を在来線に直通させるため、奥羽本線福島〜山形間の約90㎞、上下線で約150㎞のレールを営業を継続（一部バス代行）しながら改軌するという前例のない工事は、自動的に枕木《まくらぎ》を交換する軌道連続更新機「ビッグワンダー」などの機械を駆使し、4年間で完了した。

民営化を体現したような大胆な計画であるが、検討は国鉄時代に始まっており、1986年には運輸省に「新幹線と在来線との直通運転構想検討会」が設置された。民営化後はJR東日本が継承し、1992年の山形県「べにばな国体」を控える奥羽本線の改軌が決定した。

山形新幹線が開業すると、続いて秋田新幹線の整備が決定し、田沢湖線・奥羽本線（大曲〜秋田間）の改軌に着手。こうして1997年までに、JR東日本の新幹線は東北、上越、北陸、山形、秋田の5方面に広がった。

ネットワークが概成《がいせい》したことで、JR東日本は1997年から東北新幹線の速度向上に着手する。秋田新幹線開業にあたり東京〜秋田間4時間切りを達成するため、新型車両E2系とE3系を投入。一部の「やまびこ」「こまち」で最高速度275㎞運転を開始した。

上越新幹線上毛高原〜浦佐《うらさ》間の下りトンネルでは、1990〜1999年まで一部列車が時速275㎞運転を行なっていたが、半分はデモンストレーションのようなものであり、本格的な速度向上は民営化以来、初めてのことだった。

民営化から5年で時速270㎞運転の「のぞみ」を運行開始したJR東海に比べて、動きが遅いようにも思えるが、早い時期から航空機の攻勢を受けた東海道・山陽新幹線に比べ、東北方面は新幹線開業後、航空便の撤退があいついで独占に近い状態が続いたことが影響しているだろう。

しかし、秋田新幹線開業（約623㎞）や東北新幹線新青森延伸（約674㎞）のように、走行距離が600㎞を超えてくると航空機を意識せざるを得ない。実際、1995年の地域旅客流動調査によれば、東京〜秋田間は航空57％対鉄道43％、東京〜青森間は航空52％対鉄道48％と互角か、やや劣勢だった。

時速275㎞運転による東京〜秋田間4時間切り、時速320㎞運転による東京〜新青森間

３時間切りなど、航空を意識した運行形態を進めた結果、２０１５年の調査では東京～秋田間は航空47％対鉄道53％、東京～青森間は航空27％対鉄道73％となり、主導権を取り戻した。

今後は北海道新幹線の札幌延伸に向けて、時速３６０㎞運転を中心に、東京～札幌間4時間30分切り、将来的な4時間切りの実現を目指していくことになる。

在来線では、既設路線の輸送力増強が一段落した１９９０年代後半頃から、東京の都市構造の変化に対応した在来線ネットワークの再構築が本格化した。１章で述べたように、ＪＲ東日本は新線建設や複々線化を行なわない方針だったので、輸送改善には既存施設の有効活用に重点を置いた。その中心となったのが山手貨物線だ。

山手貨物線は山手線に並走する貨物線で、かつては都心を経由する貨物列車が行き交《か》っていたが、１９７３年に都心を迂回《うかい》するバイパス線・武蔵野線が開業すると貨物列車は削減された。また、この頃には、工場の郊外移転やトラック輸送の拡大で都心の鉄道貨物が衰退したため、山手貨物線は段階的に旅客化されることになった。１９８５年に埼京線川越～池袋間が開業すると、翌１９８６年に新宿駅に乗り入れた。

１９９１年の東京都庁移転と前後して、新宿新都心方面の輸送需要は急増した。１９８５年から１９９５年の10年間で、都心３区（千代田・中央・港）の従業人口はほぼ横ばいだったが、副都心３区（渋谷・新宿・豊島）は約20万人近く増加した。とくに東北・高崎線方面からの流入

東京発の新幹線と航空機、所要時間とシェア率

区間		所要時間	シェア
東京〜青森 713.7km	新幹線(新青森)	2時間58分	76%
	航空機	2時間50分	24%
東京〜秋田 622.6km	新幹線	3時間37分	55%
	航空機	2時間45分	45%
東京〜函館 862.5km	新幹線(新函館北斗)	3時間57分	27%
	航空機	2時間40分	73%
東京〜金沢 450.5km	新幹線	2時間25分	75%
	航空機(小松空港)	2時間40分	25%

※シェアは2021年度。航空所要時間は東京駅からJR線、モノレールで空港へ移動、搭乗までの時間を45分と設定。行先の空港からは空港バスを利用

出典:JR東日本 2023 FACTSHEET

「東京発の列車」所要時間の推移

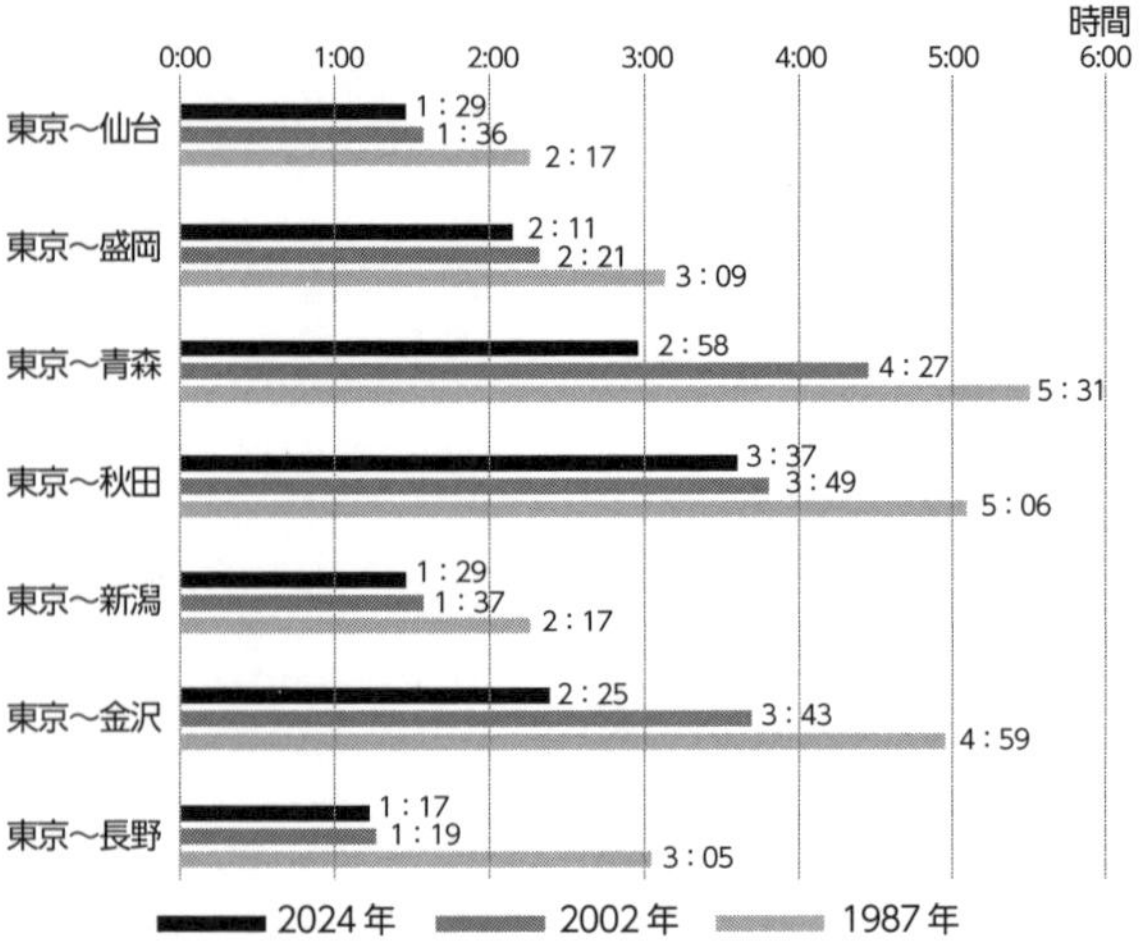

出典:JR東日本 2023 FACTSHEET

が増加傾向にあり、混雑の激しい埼京線、山手線への集中を防ぐためにも、新たな需要への対応が迫《せま》られた。

東北・高崎線は1984年の東北貨物線旅客化で赤羽行き列車が新設され、1988年に山手貨物線経由で池袋乗り入れを果たしたが、乗り換えの手間は残った。1989年3月に新宿始発の「ホームライナー古河」「ホームライナー鴻巣」など、貨物線を活用したライナーも新設されたが、ごく一部にとどまった。

状況が変わるのは、新宿以南の旅客化が進んでからのことだ。1996年に埼京線が恵比寿に延伸すると、山手線内回りの最混雑区間である代々木～原宿間の混雑率は246％から200％程度に緩和。最終的に2002年、恵比寿～大崎間が延伸開業し、東京臨海高速鉄道（りんかい線）大崎～新木場間との相互直通運転を開始した。

新宿方面の需要増は東北・高崎線だけの話ではない。まがりなりにも埼京線のある大宮方面とは異なり、横浜方面から新宿に行くには東海道・横須賀線経由で品川乗り換え、または東急東横線経由で渋谷から山手線に乗り換えるしかなかった。

そのため、JR東日本は早い段階から山手貨物線を横浜方面の輸送改善に活用したいと考えていたようで、1990年7月15日付の読売新聞は、「全車2階建て15両で通勤快速を―貨物線路を旅客輸送に活用―」として、東海道貨物線、山手貨物線を経由し、オール2階建て車両15

両編成の新宿行き列車を、1時間最大10本運転する「第二東海道線」計画を検討中と報じている。どこまで具体的な話だったか定かではないが、湘南新宿ライナーでは、到底足りないとの判断だった。

北と南から新宿に乗り入れれば、その運行を一体化するのは自然な流れだ。こうして2001年12月に誕生したのが、東北貨物線、山手貨物線を経由して、宇都宮・高崎線と東海道・横須賀線を直通する列車「湘南新宿ライン」である。

当初は日中のみ18往復、新宿折り返し7本の限定的な運行だったが、それまで横浜〜新宿間は品川乗り換えで約40分要していたのが、直通で最速29分に短縮された。それまでの宇都宮線池袋行きのように上野行きの合間に一部、行き先の違う列車が走るのではなく、運行系統そのものに愛称をつけて独立した列車として扱い、利便性と速達性をアピールしたのもインパクトが大きかった。

運行本数が限定的だったのは、山手貨物線に大宮方面から6本、横浜方面から6本の列車を受け入れるだけの設備が整っていなかったからだ。そこで、池袋駅の埼京線と山手貨物線の立体交差化、新宿駅のポイント増設、信号設備の改良を実施し、南行は1時間あたり埼京線20本、湘南新宿ライン6本、北行は埼京線16本、湘南新宿ライン6本の運行が可能になった。

池袋駅改良工事が完了した2004年12月のダイヤ改正で、湘南新宿ラインは朝夕ラッシュ時10分間隔、日中15分間隔となり、1日の運転本数は39往復から64往復に大幅増発した。これにより、埼京線池袋~新宿間の混雑率は210％から170％程度に低下。横浜方面の輸送人員も改正前の倍になった。

湘南新宿ラインは新たな着席サービス誕生の契機にもなった。東京圏では東海道線と横須賀線が戦前から普通列車に「2等車（グリーン車）」を連結しており、グリーン車文化が定着していた。バブル期に入ると需要が急増し、東海道線のグリーン車利用者は民営化後1年で約30％増加した。

当時のグリーン車は、運賃制度から異なっていた「2等車」の名残《なごり》で定期券では利用できなかった。「高価なグリーン定期券を購入しているのに座れない」という不満の声があいついだため、1989年3月のダイヤ改正で2階建てグリーン車を投入。座席定員を1両あたり64人から90人に増やした。その後、各路線に展開された2階建てグリーン車は、この車両がベースになっている。

グリーン車は1980年に横須賀線と直通運転を開始した総武快速線にも導入されていたが、グリーン車文化が定着したとは言い難いのが実情だった。しかし、宇都宮線・高崎線が東海道線・横須賀線との直通運転を行なう以上、グリーン車の導入は決定事項だったため、より使いやすい制度に変更する必要があった。

前述したように、当時のグリーン車は通勤定期券での利用が認められておらず、グリーン車を利用する場合は別途、乗車券を購入しなければならなかった。そのためグリーン車に飛び乗ってから、車内で乗車券とグリーン券を購入する旅客が多く、車掌が対応に苦慮《くりょ》していた。

また、座席はグリーン定期券所持者が優先で、車内購入者は席を譲らなければならなかったためトラブルも頻発《ひんぱつ》した。そこで湘南新宿ラインへの導入にあたっては、通勤・通学定期券でも普通列車グリーン車を利用できるように制度を変更。事前購入と車内購入でグリーン料金に価格差をつけた。

さらに、グリーン券情報を記録したSuicaを、座席の上方にあるグリーン券情報読み取り部にタッチすると緑色のランプが点灯するというシステムを導入し、車内検札業務を大幅に縮小した。業務を合理化したことでグリーン券の車内販売と検札業務は、車内販売などを担当する子会社「日本レストランエンタプライズ」所属のグリーンアテンダントが担当することになった。

新たな普通グリーン車制度は、湘南新宿ラインが大増発された2004年12月、既存路線を含めて導入された。グリーン車文化のない埼玉方面で受け入れられるのだろうかと注目されたが、すぐに定着し、宇都宮・高崎線を含めて年40億円程度の増収をもたらした。

2007年3月の常磐線（中距離電車）へのグリーン車導入に続き、2024年度末にはいよいよ、五方面路線では最後となる中央・青梅線（東京〜大月・青梅間）にも導入予定だ。ただし、これまで以上に混雑が激しく、列車本数が多い路線だけに、中央線向けにカスタマイズされた部分も多い。

宇都宮線、高崎線、常磐線では既存普通車2両を置き換えて導入したが、中央線は普通車の混雑悪化を防ぐため、各駅のホームを延長することで10両編成に2両を増結する。グリーン車の扉も従来は片開き（幅810㎜）だったが、乗降時間を短縮するために両開き（幅1300㎜）を採用。東京駅の折り返し時間短縮を目的に、座席の自動回転機能も搭載した。

３章 数字と歴史で読み解く関連事業

鉄道主体の経営から「生活ソリューション事業」との二本柱へ

鉄道事業者のグループ規模を図るひとつの目安が「非運輸事業の割合」だ。東京メトロを除く関東大手私鉄グループ８社の、２０２３年度の連結営業収益に占《し》める非運輸事業の割合は、京成電鉄の39％が最小、相鉄ホールディングス（ＨＤ）の85％が最大で、８社平均は69％だ。営業利益は、東急電鉄が66％、最小は小田急電鉄の50％、最大は相鉄ＨＤの88％で、８社平均では64％となる。

ＪＲ東日本の場合は、１９９０年度時点で営業収益が17％、営業利益は５％に過ぎず、文字

関東の大手鉄道事業者の営業収益と営業利益(2023年度)

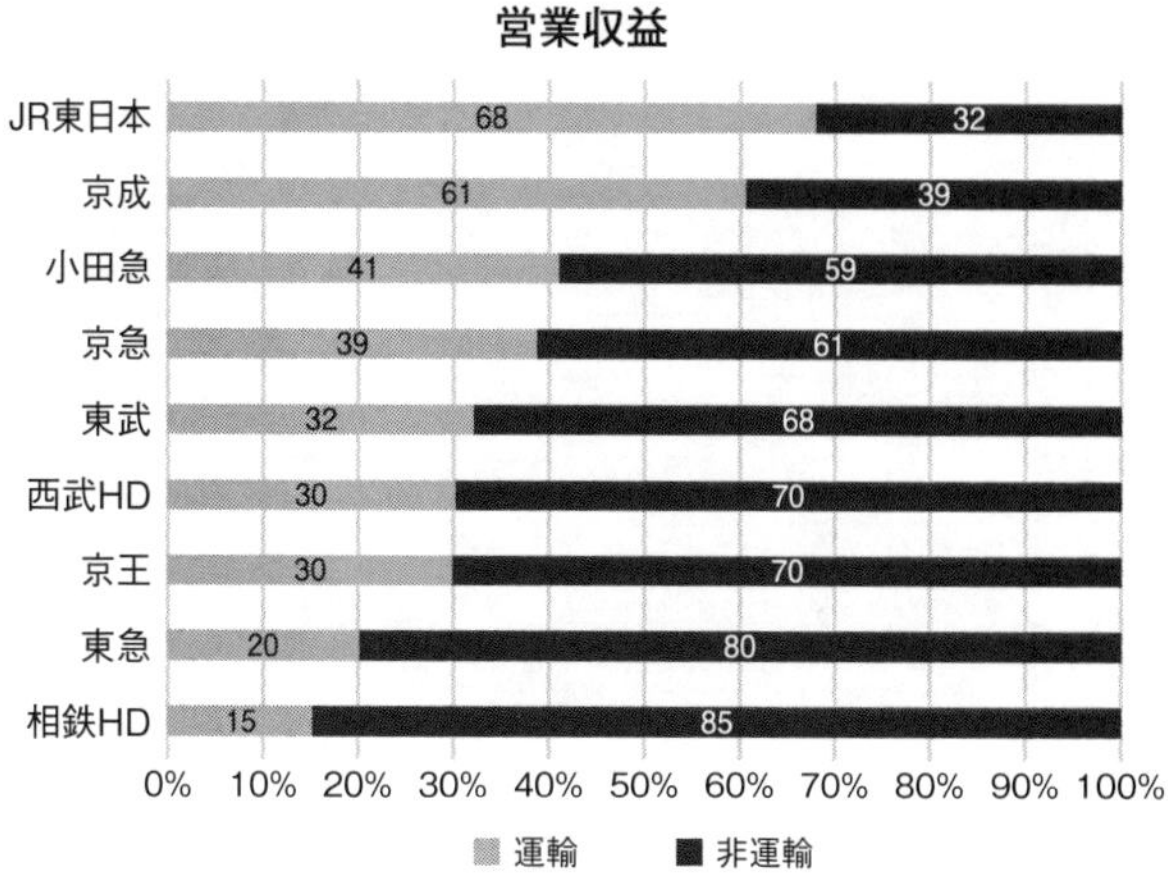

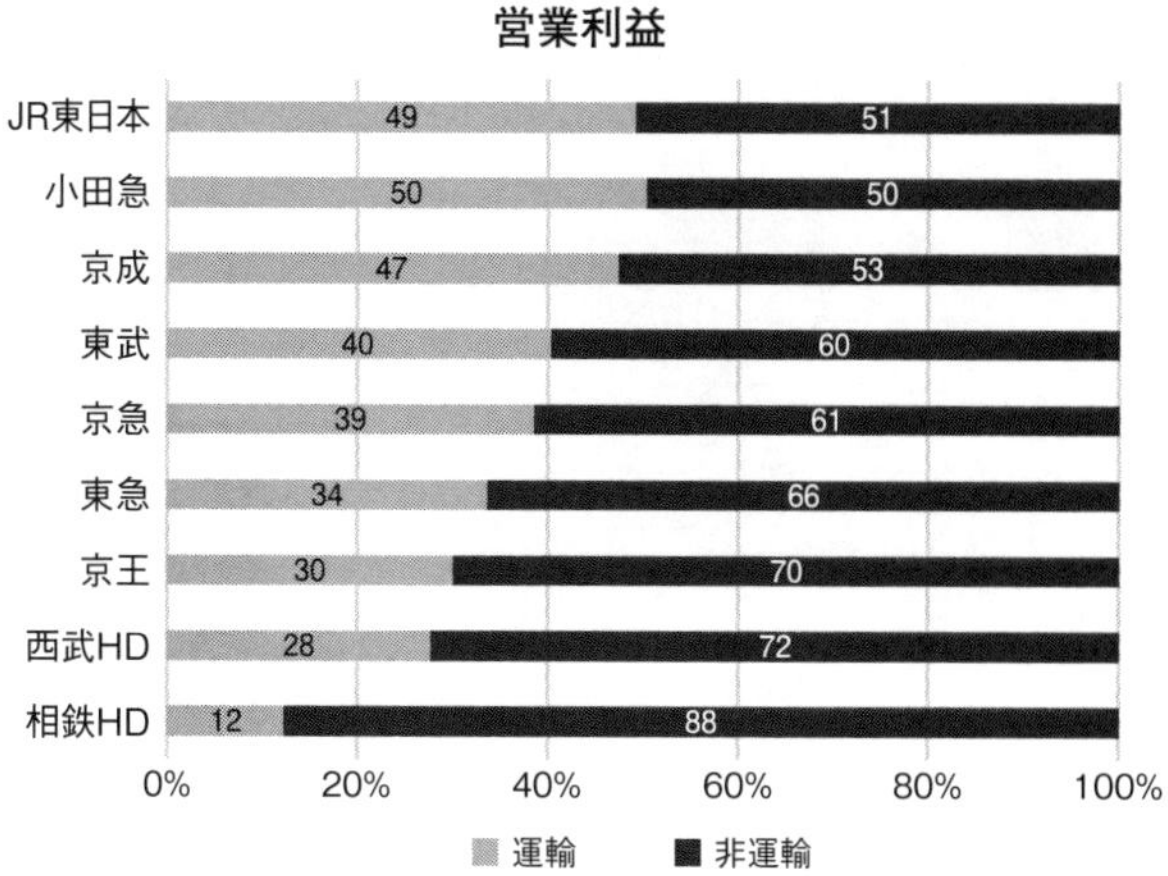

出典:各社決算資料

JR東日本の連結営業収益と連結営業利益の割合推移

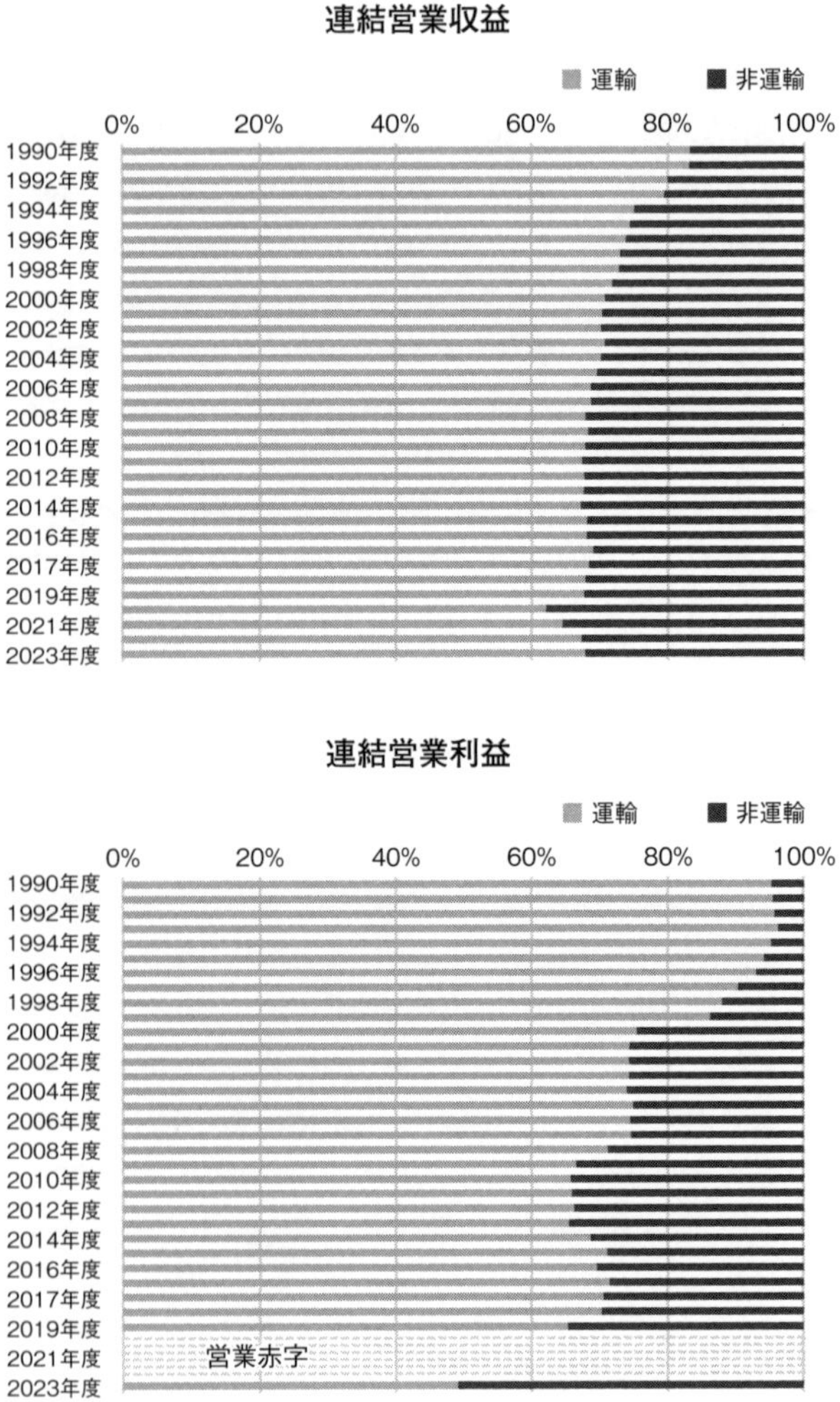

出典：JR東日本ホームページ「時系列データ」

通りの附帯《ふたい》事業であったが、2000年度には営業収益が29%、営業利益が24%と一定の規模に成長している。これを受けて2008年策定の「2020─挑《いど》む─」は初めて、「運輸業以外の営業収益の割合4割程度」の数値目標を設定した。

続いて2010年度までの10年間を見ると、運輸セグメントの営業収益が4%減少したのに対し、非運輸は9%増加したため、2010年度の非運輸比率は32%となった。2018年策定の「変革2027」も引き続き「4割」を掲げたが、コロナ禍まで運輸、非運輸ともほぼ同じペースで増加したため、比率は横ばいだった。

そこに訪れたコロナ・ショックである。経営環境の変化に対応すべく、2020年9月に「変革のスピードアップ」を発表。「変革2027」の枠組みを維持したうえで、目標を2年前倒しにして2025年度に「4割」達成、将来的な「5割」の早期実現を目指すとした。

2023年以降は、生活サービス事業とIT・Suica事業を「生活ソリューション事業」としてひとつに括《くく》り、Suicaを中心に各事業を結びつける将来像を明確化。「モビリティ事業（運輸事業）」とのふたつの柱に位置付けた。事業の概要は以下の通りだ（2023年度）。

＊「流通・サービス事業」…営業収益約3796億円、営業利益約540億円
エキナカ開発（エキュート、グランスタ）、小売り（NewDays、Kiosk）、飲食

＊「不動産・ホテル事業」…営業収益約4058億円、営業利益約1001億円
オフィス47棟、ショッピングセンター（ルミネ、アトレなど）191か所、住宅50物件、ホテル58か所など

＊「その他事業」…営業収益約910億円、営業利益約219億円
広告事業、Suica事業（電子マネー手数料ビジネス、統計データ販売）、クレジットカード（ビューカード）、ECモール（JRE MALL）、シェアオフィス（STATION WORK）、荷物輸送サービス（はこビュン）など

しかし、2023年度決算で示された2027年度の営業収益数値目標は、モビリティ事業約2兆190億円、生活ソリューション事業約1兆2570億円、つまり非運輸の割合は38%だ。「4割」の前倒しはおろか当初の目標すら達成困難で、その次の目標である「5割」の道筋《みちすじ》は見えない。

2024年度末に一部開業予定の「高輪ゲートウェイシティ」は、生活ソリューション事業の中核として営業収益は560億円程度を見込んでいるが、「5割」に届くには高輪ゲートウェイシティ14個、大手私鉄グループ2社分という途方もない額を上積みしなければならない。本当に目標は達成できるのか。どのようなロードマップを描《えが》いているのだろうか。

2023年度末時点の総括をJR東日本に問うと「全体としては、目指していた6割くらい達成できた」が「ここからが正念場」としたうえで、非運輸50％の目標に向けて成長分野への積極的な投資を進めていきたいとする。

2024年6月に発表した中長期ビジネス成長戦略「Beyond the Border」では、2033年度の目標値として、生活ソリューション事業の営業収益・営業利益を2023年度比2倍にすると設定。2023年度の営業収益は約8470億円、営業利益は約1703億円なので、営業収益約1兆7000億円、営業利益約3400億円となる計算だ。モビリティ事業が2027年度と同水準と仮定すると、2033年度の営業収益における非運輸の割合は46％、ようやく「5割」が見えてくる。

もっとも、比率を満たすだけなら、運輸セグメントが減収すれば自動的に達成できるので、「4割」「5割」という数字だけにこだわるのは本末転倒だ。ここで注目すべきは、営業収益が「4割」の壁を越えられずにいるあいだに、営業利益に占める非運輸の割合は着々と高まっている点だ。

2023年度実績は51％、2027年度目標が56％、そして2033年度には66％、つまり3分の2に達する。これは、JR旅客6社でもっとも関連事業展開が積極的で知られるJR九州のコロナ前（2018年度57％）を大きく超える数字だ。

鉄道サービスの削減を進める一方で、駅ビルや分譲マンションなど不動産開発を積極的に進めるJR九州は、「不動産会社が副業で鉄道をやっているようだ」と揶揄《やゆ》されがちだが、JR東日本も同様の利益構造の会社に変貌しつつあるのだ。

関連事業の本格展開とバブル崩壊

民営化の象徴といえるのが「関連事業」への本格的な参入だ。

国鉄の関連事業は、日本国有鉄道法により、「附帯事業」と「出資事業」に限られていた。附帯事業とは、国鉄の業務範囲を定める第3条の「鉄道事業及びその附帯事業の経営」を根拠として、駅構内売店、食堂、鉄道広告を運営・承認し料金を得る事業だ。

駅構内営業は鉄道の歴史とともにあり、鉄道開業直後から許諾を受けた外部業者が新聞、雑貨、飲食物の販売を行なっていた。鉄道省は公傷退職者や殉職《じゅんしょく》者の遺族の救済を目的として、1932年に財団法人鉄道弘済会《こうさいかい》を設立し、彼らに売店経営を任せた。また、1938年には食堂車や駅構内食堂を経営する6営業者が共同で日本食堂株式会社を設立し、一元的に経営を担《にな》うことになった。

これに対して出資事業は、国鉄の投資行為を定める第6条を根拠として、「業務に必要がある場合」に「運輸大臣の認可を受けて」行なわれる外部企業への出資を指す。１９５９年の法改正で追加された事業だが、本格的な開発は１９７１年の法改正で「旅客ターミナル施設の建設・運営事業」への出資が認められて以降のことである。

もっとも、「駅ビル」は戦後早くから存在した。戦時中の空襲や酷使《こくし》した設備の復旧に際し、国鉄は運行に直結する線路や車両を優先したため、駅舎に回す資金の余力はなかった。自治体が資金を一部負担して改築した駅もあったが、大規模なターミナル駅では自治体の負担にも限界があった。そこで国鉄は地域の有力者から出資を募《つの》り、新設した駅に出店を認める仕組みを考案した。これを「民衆駅」という。

民衆駅第1号は１９５０年4月に開業した東海道本線の豊橋《とよはし》駅だったが、豊橋駅に先行して検討されていたのが、同年12月に民衆駅第2号として開業した池袋駅西口ビルだ。豊橋、池袋の成功を受けて各地から民衆駅開発の要望があいつぎ、１９５５年までに秋葉原、高円寺、札幌、金沢など13駅で開業した。

そのなかでも威容《いよう》を誇ったのは、鉄道開業80周年記念事業の一環として開発された東京駅八重洲口駅ビルだ。１９５３年7月に専門店街が、１９５４年10月に大丸《だいまる》デパートが入る本館が開業。池袋と同様、新設の株式会社鉄道会館が商業施設分の資金を負担し、テナントに貸し付けた。

ところが、鉄道会館が「国鉄財産で金儲けをしている」として国会で問題視されたため、国鉄は駅構内関連事業の承認基準、料金などを定める「日本国有鉄道営業規則」を1954年7月に改正。鉄道利用者を対象とする「構内旅客営業」と、広く公衆を対象とする「構内公衆営業」を区別した。

「鉄道機能と直接関係のない構内公衆営業は国鉄の監督対象ではない」と整理したことで、駅ビル開発はかえって活発化した。1971年に国鉄の直接出資が解禁されると、主体的に開発に参加できるようになった。これが、出資事業が体系化されるまでの経緯である。

以上をまとめると、JR東日本の「流通・サービス事業（旧・駅スペース活用事業）」は附帯事業を中心とする構内旅客営業、「不動産・ホテル事業（旧・ショッピング・オフィス事業）」は出資事業を中心とする構内公衆営業の系譜にあると整理できるだろう。民営化後、経営自立のため鉄道事業を補《おぎな》う関連事業の拡大が奨励《しょうれい》され、売店や食堂、広告など国鉄時代から引き継いだ事業の強化、駅ビル開発の推進など、積極的に新規事業への進出を図った。

発足当初のJR東日本が関連事業をどう位置付けていたのか。初代社長（1987～1993年）の住田正二《すみたしょうじ》氏は1998年の著書『官の経営 民の経営』で、「長期的には成長が望めない鉄道事業を永久に存続するため、住宅、食糧、衣服、レジャーなど人間の欲求に応《こた》える『総合生活サービス事業』を本業として確立しなければならない」と述べている。

こうした思想のもと、1990年10月に策定されたのが民営化後初の中長期経営ビジョン「Future21」だ。顧客・地域社会に貢献する「生活創造企業」、最新技術を開発・活用する「未来志向企業」、社員・家族の幸福を実現する「人間尊重企業」の3つを経営理念として、「鉄道を軸とする総合生活サービスの提供により、お客様地域社会に貢献し、信頼される企業グループとして発展すること」を目的に据《す》えた。近年になって経営の重心を関連事業へ移したと思われがちだが、じつは発足当初から「総合生活サービス」を謳《うた》っていたのである。

「Future21」は2001年に本体と生活サービス関連グループ企業の営業収益をそれぞれ約2兆7000億円、割合を1対1とする意欲的な目標を掲げた。当時の「グループ」は連結子会社以外も含み、連結相殺《そうさい》処理も行なわれていないため単純比較はできないが、現実の2001年度営業収益は運輸約1兆8000億円、非運輸約7500億円の計約2兆5000億円なので、バブル経済の影響下とはいえ、かなり強気の目標だった。

非運輸業は1990年度から1994年度の4年間で、連結営業収益は約3542億円から約6101億円に、連結営業利益は約141億円から約194億円に増加した。一方、1994年度から1998年度の4年間は、連結営業収益は約6101億円から約6746億円、連結営業利益は約194億円から約404億円となった。初期に開発した店舗の利益率が上がった半面、新規事業の展開にブレーキがかかった営業収益の伸びは鈍化《どんか》している。

これは、いうまでもなくバブル崩壊の影響だ。住田氏は前掲書で「バブル崩壊を受け消費意欲が後退している現状では、大規模な生活サービス事業の展開は容易ではない。のみならず現在のJR東日本は、大規模な生活サービス事業を展開できる十分なノウハウの蓄積もなければ、数多くの専門家も育っていない」として、開発のスピードを落としたと述べている。

同社がバブル経済に浮かされて推進した数少ないプロジェクトが、1988年に計画決定した「上野再開発プロジェクト」だ。当時日本一となる高さ304mの地下5階、地上67階、延《のべ》床《ゆか》面積約26万平米の超高層ビルを建設する構想で、売り場面積約6・6万平米の直営百貨店、976室のハイグレードホテル、展望台、美術館、シアター、フィットネス、駐車場などを備える複合施設になる予定だった。

住田氏は1992年の著書『鉄路に夢をのせて』で、上野再開発プロジェクトについて「完成すれば、社員は日本一、世界一の鉄道会社の社員という誇りを持つだけでなく、幅広い関連事業を展開するJR東日本グループの一員として、もっと大きな誇りを持つに違いない。社員の志気を高め、会社との一体感をさらに深めることに貢献するはずだ」と語っている。

しかし、地元の反対が根強いうえ、そもそも上野駅に304mの超高層ビルを建てるスペースはない。線路上に人工地盤を設置し、その上にビルを建設する構想だったが、隣接する上野公園が日陰になるとして建築許可が下りなかった。

そうこうしているあいだにバブルは崩壊し、「膨大《ぼうだい》な赤字が出るおそれがあると考え撤退した」と住田氏は著書『民の経営 官の経営』で述べている。走り出したばかりのＪＲ東日本にとって、痛手を被《こうむ》る前にバブルの夢から覚《さ》めたのは僥倖《ぎょうこう》だった。

ＪＲ東日本は上野再開発の前段階として、海浜幕張駅前にそごうと共同でデパートを出店し、百貨店業のノウハウを学ぶ計画も立てていたが、これも中止となった。その後の上野地域や百貨店業の衰退を考えると、これらの投資が実現していたら経営の大きな足かせとなったことだろう。１９９７年の金融危機で日本経済はさらに厳しさを増し、生活サービス事業は雌伏《しふく》の時を過ごさざるを得なかった。

コンビニ、駅ビル、ホテル…事業再編で成長が加速

国鉄の関連事業を引き継いだＪＲ東日本は、国鉄法の制限から解き放たれて本格的な開発に着手する。そのためには関連会社の整理から始めなければならなかったが、大きくふたつの問題があった。ひとつは鉄道弘済会や日本食堂のように国鉄全域を営業エリアとしていた事業を、ＪＲ６社の地域ごとに分割しなければならなかったこと、もうひとつは民間と共同出資で設立された関連会社の資本関係の整理であった。

附帯事業の代表格である売店事業は、ＪＲ東日本の出資する「東日本キヨスク株式会社」が設立され、１９８７年７月に鉄道弘済会から分離独立した。日本食堂は民間出資で設立された企業であり、国鉄・ＪＲは出資していなかったため、ＪＲ東日本が資本参加して１９９０年３月に子会社化した。

発足当初の主力事業は売店「Ｋｉｏｓｋ（キヨスク）」だった。１９８８年度の店舗数は約１７００店、売上高約１７００億円で、ピークの１９９３年度は約２２１５億円に達したが、バブル崩壊後は三大売れ筋商品の新聞、雑誌、タバコの売り上げが低下、１９９７年度は赤字に転落してしまった。

東日本キヨスクは人員削減や不採算店の閉鎖を進め、あわせて店舗管理や物流の合理化を進めたが、そもそも人手に頼った売店という営業形態自体が限界を迎えつつあったことから、１９９７年10月に売店をコンビニに転換した「ミニコンビ」１号店を飯田橋駅に開業した。

１９８０年代に急速に普及したコンビニ業界を目《ま》の当たりにしたＪＲ東日本本体も、「将来に向けてわが社における流通事業の担い手を育成する」ために、直営コンビニエンスストア「ＪＣ」の展開に着手していた。

ＪＣは当初から独自路線を貫《つらぬ》き、他チェーンとのフランチャイズ契約を結ばなかったため、店舗レイアウトから商品構成、店舗運営のノウハウなどすべてにわたり、直営店舗社員による手探りのスタートであった。1988年9月に1号店が品川駅に開業すると、管理体制の構築と出店を進め、1996年12月にジェイアール東日本コンビニエンスとして独立した。

こうしてJR東日本ブランドのもと、ジェイアール東日本コンビニエンスと東日本キヨスクが並行してコンビニ事業を展開するかたちになったが、両店舗は物流体制、仕入体制、情報システムともにそれぞれ独自のもので、非常に非効率な運営体制となっていた。また、その店舗コンセプトの違いも明確になっているとは言い難いものであった。

そこで2001年10月、コンビニ事業のさらなる成長を図り、両ブランドを「駅からはじまる、あたらしいまいにち」をコンセプトとする「NewDays」に一本化し、運営は東日本キヨスクに統合した。

ほかにも飲食事業では1988年4月、JR東日本グループ飲食事業の中核会社として「ジェイアール東日本レストラン株式会社」を設立し、国鉄時代に設立された関連会社を吸収合併。駅構内や駅ビルにさまざまな形態の飲食店を展開した。また、1990年5月にハンバーガーチェーンのベッカーズを買収して、「株式会社ジェイ・ビー」を設立。両社は2001年に経営統合し「ジェイアール東日本フードビジネス株式会社」が発足した。

同社は2020年に「株式会社日本レストランエンタプライズ（旧・日本食堂）」を吸収して「株式会社JR東日本フーズ」に改組《かいそ》するが、2021年に東日本キヨスクの流れを汲《く》む「株式会社JR東日本リテールネット」などと合併し、エキナカビジネスを統括する「株式会社JR東日本クロスステーション」に統合されている。

出資事業の整理も一筋縄《ひとすじなわ》ではいかなかった。国鉄時代の駅ビルは、ビルごとに地元企業、行政、商工会議所から出資を募って設立されたため、JR東日本が承継した運営会社は40社（うち未開業3社）にのぼっていた。

このほかにJR東日本の支配が及ばない駅ビルも多かった。とくに難航したのは新宿駅東口駅ビル（旧・マイシティ）を運営する「新宿ステーションビルディング」だ。同社は伊勢丹、髙島屋、西武百貨店などが出資する民衆駅方式の駅ビルで、国鉄も鉄道弘済会を通じて一部出資していたが、経営上の決定権はなかった。JR東日本はマイシティを駅ビル事業の中核にすべくグループ会社化を提案するが、バブル景気で勢いに乗る西武百貨店が強硬に反対し、株の買い集めに走る事態となった。

だが、JR東日本との協力なくして繁栄は不可能であり、今後の再開発計画にも対応できない。最終的に新宿ステーションビルディングは1991年3月、JR東日本を引受先とする第三者割当増資を行ない、同社の子会社となった。

分立した駅ビル運営会社統合の起点となったのが「ルミネ」だ。1976年に開業した新宿駅南口駅ビルから始まったルミネは、その後、横浜駅、荻窪駅、立川駅などに展開されたが、異なる運営主体が共通のブランドを用いている形態だった。

そこで民営化後、ショッピングセンター事業の競争力向上と、会社分立の弊害《へいがい》打破を目的に再編に着手。1991年4月に「株式会社大宮ステーションビル」「北千住ターミナルビル株式会社」「株式会社ルミネ横浜」「株式会社ルミネ新宿」の4社合併で、「株式会社ルミネ」を設立。翌年に「立川ターミナルビル株式会社」も合流した。

ただし、『東日本旅客鉄道二十年史』が「当初は単に統合されただけという感も否《いな》めなかった」と述べるように、1996年4月に各社の子会社が業種横断的に再編成されるまで合併効果は限定的だったようだ。折しもバブル崩壊の影響でショッピングセンター業界は冬の時代を迎え、ルミネの売上高も1991年度をピークに6年連続前年割れとなっていた。

要因は景気だけではなかった。購買人口の減少や、モノ消費の成熟化でコト（経験）消費が重視されるようになったことで総需要が低下傾向にあったにもかかわらず、新宿高島屋や横浜の丸井、上大岡《かみおおおか》の京急百貨店など、首都圏に大規模複合商業施設の開業があいつぐなど供給は増大するという構造的な問題があった。

こうした状況を打破し、競争力を回復するには、ルミネはテナントに対応し、テナントが顧客に対応するという不動産管理業ではなく、テナントと一体となって顧客第一を追求する小売業に転換する必要があった。

1997年度から経営改革3か年計画「ニュールミネ計画」に着手し、顧客の不満に向き合う「CS改革」、ルミネカードを中心とした「営業改革」、カード会員情報を活用した「商品改革」、新しいニーズに応える魅力あるテナントを誘致する「業種・業態改革」など7つの改革に着手し、経営は好転。2001年度に始まる事業再編でアトレに並ぶフラッグシップ会社として位置付けられた。

事業拡大に積極的な駅ビル運営会社もあった。民営化直前の1986年8月に設立された国分寺ターミナルビル株式会社は、国鉄が株式の51%を保有する、国鉄主体の駅ビル会社だった。地下2階、地上9階、延床面積7万平米以上の大規模駅ビルは建設段階でJRに継承され、1989年3月に「国分寺エル」の名前でオープンした。

バブル景気を背景に好調なスタートが切れたことから、豊富な収益力、資金力をもとに駅ビルや遊休地を活用したシティホテル事業に進出。「ホテルメッツ」ブランドで、1994年から1996年にかけて久米川《くめがわ》・武蔵境・国分寺に開業した。

廉価《れんか》で質の高いサービスを提供する宿泊特化型ホテルが好評を博したことから、1996年4月に「ホテルメッツチェーン本部」がJR東日本内に設置され、他のグループ会社もメッツブランドでホテル事業に参入。2000年には11店舗まで拡大した。JR東日本のホテル事業はこのほか、「メトロポリタンホテルズ」「東京ステーションホテル」などがあるが、現在は経営効率化のため運営会社を「日本ホテル株式会社」に一元化している。

このように、JR東日本は国鉄から継承した運営会社とともに、サービスのブラッシュアップや拡大を進めてきたが、施策のスピードアップや効率化を考慮すると、一括した自社開発の必要性を感じていた。

たとえば従来、駅ビル会社とテナント間の契約は敷金・保証金の収受を前提とする「賃貸借契約」だったため、テナントの入れ替えに制約があり、即応性に欠けていた。消費動向の変化に迅速に対応するには契約方式を変更し、駅ビル会社が商業デベロッパーとして主体性を持つ必要があった。

運営についても、それまでの「土地貸し」から、JR東日本が土地と建物の本体を提供する「建物貸し」に変更。建物の内装や機械設備は駅ビル会社が行ない、テナントに貸し出すこととなる。1990年4月には新設する駅ビルを一括して開発・運営する「東京圏駅ビル開発株式会社（現・アトレ）」が誕生した。

新会社は、デベロッパーとしてビル全体の宣伝・販促、テナントミックス等を行なう「駅ビルの管理・運営」、直営店を運営してノウハウを蓄積する「自社店舗の運営」、蓄積したノウハウをもとにした社内への「コンサルティング業務」の3つの業務を担当。1990年9月に第1号店としてアトレ四谷、1993年にアトレ新浦安、アトレ大井町を開業した。

東京圏駅ビル開発はオフィスビル事業も担当した。景気の影響を強く受け、収益の変動が大きいショッピングセンター事業に対し、オフィスビル事業は長期にわたり安定した収入が期待できるため、補《おぎな》いあった経営が可能だからだ。オフィスビル事業もJR東日本が土地、建物を所有し、東京圏駅ビル開発が内装、設備を所有する共同開発方式を採用。1992年に「JR大宮駅西口ビル」「JR八丁堀《はっちょうぼり》ビル」、1993年に「JR信濃町ビル」、1994年に「JR大宮駅西口ビルⅡ」などが次々に開業した。

バブル崩壊後は売り上げが伸び悩み、新規開業が停滞するが、1997年10月に開業したアトレとオフィスの複合ビル「恵比寿駅ビル」の成功で息を吹き返す。2005年のグループ再編でオフィスビル事業は新設の「JR東日本ビルディング」に分割。東京圏駅ビル開発はショッピングセンター事業に注力することになり、2009年に「株式会社アトレ」に改称した。

独自の「カード事業戦略」が目指したものとは

鉄道事業、ショッピングセンター事業と連携するのが、1993年2月にサービスを開始したJR東日本ブランドのクレジットカード「ビューカード」だ。当初は直営事業だったが、2009年9月に完全子会社「株式会社ビューカード」を設立し、2010年2月に事業を移管した経緯がある。

民営化直後からクレジットカード事業への進出を検討していたJR東日本だが、先行してJR西日本が1991年4月に「JR-WESTカード」、JR北海道が1992年4月に「TWINKLE CLUBカード」を発行している。さらにさかのぼれば、前身の国鉄も1985年8月に、みどりの窓口や旅行センターで利用できる「JNRカード」を発行していた。

国鉄の担当者は業界誌『国鉄線』1986年6月号で、「今後、高度情報化社会の進展する中で、さまざまでかつおびただしい量の情報に左右され、ますます多様化する消費者行動を、旅行需要ひいては国鉄利用へつなげるため、個人個人を顧客として把握することが重要な課題」と記しており、決済手段にとどまらず、マーケティングの発想があったことに驚かされる。

しかし、国鉄末期の状況ではデータの活用どころではなく、JNRカードは決済手段以上の役割を与えられないまま民営化を迎え、6社共通の「JRカード」に移行した。だが共通のJRカードではデータ活用に限界があることから、顧客データベースにもとづくマーケティングを行なうため、3社は独自カードの発行に舵《かじ》を切った。

ただ、JR西日本はJCBなど3社、JR北海道はオリエントコーポレーションとの提携を選択したのに対し、JR東日本は1992年10月にカード事業部を設立し、加盟店の開拓から審査、与信《よしん》、債権回収まですべてのクレジット業務を内製化した。

こうして誕生したビューカードは、みどりの窓口やびゅうプラザに加え、東京駅など一部に設置が始まっていた指定券自動発売機、自動継続定期券券売機に対応、指定席特急券の電話予約サービスなども提供した。関連事業では70か所の駅ビルに入居する約5500店舗、駅構内の50店舗、ホテルやスポーツ施設などグループ施設で利用可能だった。

旅行事業コーポレーションアイデンティティである「びゅう」の名前を冠《かん》していることが示すように、当初JR東日本が本命視していたのは、バブル景気の旅行需要を背景とした旅行商品の開発だったようだ。翌1994年には高齢者向け割引サービス「ジパング倶楽部」と一体化した「ビュー・ジパング倶楽部カード」を発行している。

ビューカードはグループのみ使用できるハウスカードだったこともあり、1995年の利用状況（金額比）は、みどりの窓口が52％、びゅうプラザが9％、キャッシング36％で、駅ビル・ホテルは4％に過ぎず、購買データを十分に得られていなかった。

その意味で転機となったのは、1997年2月に発行を開始した「ルミネカード」だ。ルミネでの買い物が5％オフという大きなインセンティブを用意することで、5店舗が個別に運営していた会員サービスを統合し、マーケティングを共同展開。また、ルミネカードはビューカードの信用照会システムで即日発行が可能で、会員獲得を後押しした。

平成不況の影響もあり、2000年度までに会員50万人という目標こそ達成できなかったもののビューカードが関連事業に広く展開するきっかけとなったのは間違いないだろう。

ビューカード全体の会員数は1993年度の37万人から、1996年度に120万人、1999年度に181万人に到達した。2000年4月に初めて国際ブランドVisaと提携した「ビューVISAカード」の発行を開始、後にJCBやMastercardとも提携したことで、一般のクレジットカードとして使えるようになり、発行枚数、取扱高が急増。2004年度の会員数は292万人となった。

その後、提携カードの発行やオートチャージサービスなどでのポイント優遇により、会員数は2011年に400万人、2016年11月に500万人を突破した。2023年度末時点では約559万人、取扱高は2兆2128億円だ。株式会社ビューカードは、2024年5月にサービスを開始した「JRE BANK」の銀行代理業者になっており、今後はJR東日本グループの金融事業の中心として存在感を増していくだろう。

エキナカ開発で「通過する駅」から「集う駅」へ

民営化から10年が経過した1997年、関連事業は大きな転機を迎えた。少子高齢化、都心回帰、競合する新線開業など経営環境は激変し、鉄道収入の伸び悩みが顕在《けんざい》化。また、日本の有価証券報告書等の情報公開（ディスクロージャー）はそれまで個別決算が中心だったが、経済のグローバル化と会計の国際統一化を受け、１９９９年度から連結決算を主、個別決算を従とする大転換が行なわれた。

ＪＲ東日本も連結決算時代に対応し、鉄道を主とした「関連事業」を、鉄道事業と生活事業が連携し、グループ全体で展開する「生活サービス事業」として再定義。駅に附帯するサービスだけでは対応できなくなってきた多様なニーズに対応して、グループ会社と連携して一体的に開発を進めていく方針を確立し、１９９７年６月に関連事業本部と開発事業本部を統合し、「事業創造本部」を設置した。

事業創造本部がまず取り組んだのは「エキナカ開発」だ。ＪＲ東日本は1日約１６００万人（当時）が利用する駅を「ＪＲ東日本グループの最大の経営資産」と位置付け、利用者を「旅客」ではなく、顧客、消費者と定義した。もっとも、駅を交通だけでなく複合的なサービス拠点と位置付ける発想は民営化直後から存在しており、東京圏駅ビル開発もそうした発想のもとに事業を展開した。

大規模なエキナカ開発が行なわれてこなかったのは、駅を開発する発想がなかったのではなく、従来の延長線上では経営上、エキナカ開発が成り立たなかったからだ。これまでの構内店舗展開は空きスペースをピンポイントに活用する「点開発」だったが、１９９０年代後半には候補地と競争力確保の両面で限界を迎えていた。次の段階として、駅長室や駅業務施設の移設でまとまったスペースを生み出し、集中的に店舗を開発する「面開発」に移行する必要があったが、支障施設の移転費用をグループ会社が負担しては、収支が成り立たない。

そこで、事業開発のための駅施設のレイアウト変更や駅防災設備・電源設備・給排水設備などの基盤整備費用はＪＲ東日本本体の設備投資として行ない、生み出したスペースをグループ会社に貸し付ける仕組みに改めた。駅ビル開発と同様にインフラ整備と店舗経営を分離することで、エキナカ事業を単体で成立させる仕組みを構築したわけだ。

こうして乗降人員３万人以上の駅を対象に、業務施設の移設や再編で価値の高いスペースを生み出し、エキナカ店舗やショッピングセンター、ホテルなどの新規開発を推進する「サンフラワープラン」が１９９７年に策定された。

サンフラワーとは、ステーションやスペース、サービスの「Ｓ」、アップの「Ｕ」、ＪＲ東日本本体とグループ会社で構成するネットワークの「Ｎ」が花開く、という想いを込めたものだが、近年の経営ビジョン、事業計画とは異なり、どこか垢《あか》ぬけないネーミングセンスだ。

開発にあたっては、着手した年度内に営業を開始するスピードが重視され、１９９８年度は50か所、計１万６０００平米の実績を挙げている。なかには駅長実室を移設してコンビニを開業した日暮里《にっぽり》駅のような事例もあった。

サンフラワープランは一定の成果を挙げたが、少子化が続けば鉄道事業収入の成長はいずれ限界を迎える。２０００年の中期経営構想「ニューフロンティア21」はさらに踏みこんで、多くの人が「通過する駅」を利用者視点からゼロベースで見直し、「集う駅」に生まれ変わらせることで、グループ全体の価値を最大化する「ステーションルネッサンス」を経営構想の最重要施策に位置付けた。

民営化から10年は年間約２２００億円の設備投資のうち約２０００億円程度を安全投資に回していたが、この頃からようやく、生活サービスにも資金を割《さ》けるようになったことも大きかった。「ニューフロンティア21」を花道に社長を退任した松《まつ》田《だ》昌士《まさたけ》氏は、著書『なせばなる民営化ＪＲ東日本』で、「国鉄時代の駅は純粋に列車の乗り降りをする場と位置付けていた」と語る。できるだけコンコースを広く、旅客の流動をスムーズにすることを最優先した結果、「駅は街への通過点であり、そこで余計な時間を過ごすといった考え方は、お客さまにもわれわれにもなかった」。

これに対してステーションルネッサンスでは、「市民生活の基礎的なものは駅に来れば大体間に合うというようになれば、非常に便利になる。駅をそういう生活の拠点になるようにしたい」と述べる。一方で「それが直接企業の利益に結びつくわけではないかもしれないが、企業も社会の構成員である以上、われわれも社会的な役割を意識して、駅を生活に役立つ空間にしていきたいと考えている」とも述べ、「集う駅」が大きな利益を生み出すのか、不安も抱えながらのスタートだったことがうかがえる。

「ニューフロンティア21」では、新たに乗降人員20万人以上の主要ターミナルを対象とした大規模開発「コスモスプラン」を推進することになった。第1号となったのが北の玄関口、上野駅のリニューアルで、「駅と街との融合」「文化の薫《かお》る駅」「地域との共生」をコンセプトに、中央改札口前大屋根の改修やバリアフリー化、「アトレ上野」開発が行なわれた。

そして、エキナカ開発の転機となったのが「ecute（エキュート）」の開発だ。2001年12月に発足した「立川駅・大宮駅プロジェクトチーム」は、単に改札内に大きな物販スペースを生み出すのではなく、駅に快適な空間をつくり出し、駅利用者に付加価値を提供することを目指して検討に着手した。

結果的にステーションルネッサンスを体現するプロジェクトになったが、その船出はけっして順調ではなかった。プロジェクトの中心人物だった鎌田由美子《かまたゆみこ》氏（2015年にJR東日本を退職、現・ONE・GLOCAL代表取締役）は著書『私たちのエキナカプロジェクトecute物語』（かんき出版）でその経緯を語っている。

たとえば、論点となったのは「ターゲットをなぜ決めるのか」だった。誰をターゲットにするかではなく、ターゲットを決めること自体の是非《ぜひ》が問われた。プロジェクトチームは「20～

30代の通勤・通学客および新幹線を利用するビジネスマン」を「毎日駅を利用する流動客のなかで、購買力があり、もっともボリュームが大きい層」としてターゲットに設定した。

しかし、経営層は「駅は万人《ばんにん》のもの」という旧来の考え方が染《し》みついており、駅が万人のものである以上、駅構内の施設に特定のターゲットを設定するのはおかしいのではないか、という意見が出たのだという。鉄道施設としての駅機能が万人のために開かれたユニバーサルデザインでなければならないのはいうまでもないが、そこに新たな価値を付加し、集う駅へと変えるステーションルネッサンスの意義は、役員にも十分に理解されていなかった。

結局、当時の大塚睦毅《おおつかむつたけ》社長が「若い人たちが必死にやらせてくれと言っている。立川と大宮の二か所は新しい仕組みでやらせてみたらどうだろうか」と決断したことで、新しいエキナカ開発の方向性が決まり、走り出した。

２００５年3月5日に開業した「ｅｃｕｔｅ大宮」は、南口改札内コンコースに人工地盤を建設し、５０００平米のスペースを創出。エスカレーター、エレベーターを新設するとともに、ふたつの乗り換えコンコースを「賑わいの大通りアベニュー」と「散策の小道ウォーク」と位置付け、69店舗（当時）を開設した。２００５年度の店舗売上は、目標の約１・６倍となる約87億円を記録している。

ｅｃｕｔｅの展開にあたり、ＪＲ東日本は「駅構内開発小売業」と称する新たなビジネスモデルを打ち立てている。これは駅全体をひとつのショップとしてとらえ、鉄道施設を含めた駅の環境計画から、商業施設のMD（マーチャンダイジング）、取引先選定、売り場マネジメント、販売促進まで一貫して行なうもの。あわせて駅構内開発・運営専門のグループ会社として2003年9月に「株式会社東日本ステーションリテイリング（現・JR東日本クロスステーションデベロップメントカンパニー）」を設立した。

大宮に続いて3月25日、西船橋駅の線路上空に設置した人工地盤に商業施設「Dila西船橋」を開業、同年10月は品川駅中央口改札内に設置した人工地盤上に「ecute品川」を開業した。

ステーションルネッサンスは、2005年に策定された中期経営構想「ニューフロンティア2008」、2008年に策定された「2020─挑む─」に引き継がれた。2006年に「Dila高円寺」「Dila大船（現・アトレ大船）」、2007年に「Dila拝島《はいじま》」「Dila三鷹（現・アトレヴィ三鷹）」「ecute立川」が開業した。

その後、ecuteの出店ペースは上がり、2008年に日暮里、2010年に東京、上野、2011年には赤羽に開業した。このうち「ecute上野」「KeiyoStreet（現・ecute京葉ストリート）」はJR東日本リテールネット、「ecute赤羽」はジェイアール東日本都市開発が開発を担当した。

ただ、Ｄｉｌａの開発は２０１２年の「Ｄｉｌａ小山」で終了し、大船や三鷹のように名称を変更した施設も多い。人工地盤を新設する大規模商業開発は２００８年の田端《たばた》、２０１０年の巣鴨を最後に行なわれておらず、ｅｃｕｔｅもその後、しばらく停滞する。

駅スペース活用事業と入れ替わるように、大規模化していったのがオフィス事業だ。とくに２０００年代後半から２０１０年代初頭にかけて次々と竣工《しゅんこう》した東京駅及び周辺の大規模再開発は、生活サービス事業史上最大のプロジェクトになった。

丸の内では１９９０年代後半から再開発が動き出し、２０００年代に入って丸の内ビルディング、丸の内オアゾ、明治安田生命ビルなどが開業した。こうした流れを受けて東京都は２００１年に「東京駅周辺の再生整備に関する研究委員会」を設置し、丸の内駅舎保存・復原《ふくげん》のあり方、駅前広場等の整備、容積移転の手法、基盤整備及び再開発計画の方向性を提言した。

丸の内駅舎は明治・大正期を代表する建築家である辰野金吾《たつのきんご》が、イギリスのヴィクトリア朝様式を取り入れて設計し、１９１４年に開業したが、太平洋戦争末期の空襲で象徴であるドーム屋根と３階部分が焼け落ちてしまった。

終戦後に応急復旧として３階部分の取り壊しと簡易的な三角屋根を設置し、長らくそのまま使われたため、時代遅れの建物として高層ビルへの建て替え計画が何度も浮上した。山之内《やまのうち》秀一郎《しゅういちろう》氏は『ＪＲはなぜ変われたか』のなかで、「国鉄当時、そしてＪＲ東日本発足直後もどちらかというと、あの建物は壊して新しい駅ビルを建てたいという意見の方が社内では有力だったのではないかと思う」と述べている。

一方、1987年に設立された運輸省、建設省、東京都、JR東日本、JR東海からなる「東京駅周辺地区再開発連絡会議」は、駅舎を低層のまま保存することで未利用となる駅舎上空の容積率を売却し、これを財源に保存する案を示しており、議論がなかったわけではない。実際の保存もこのスキームを採用している。

最終的に2000年9月、JR東日本の松田昌士社長と石原慎太郎東京都知事が会談し、赤レンガ駅舎を創建時の3階建て、丸ドーム屋根に復原する方針で合意。2004年に基本設計と実施設計に着手した。工事は駅舎の復原にとどまらず、将来にわたって駅舎を保存するため、新設の地下構造物と駅舎を免震《めんしん》ゴム、オイルダンパーと接続する大規模な耐震工事を実施している。

次の100年に向けて動き出した丸の内駅舎に対し、八重洲口では開業から半世紀を迎える鉄道会館ビル一帯を三井不動産らとともに再開発する計画が同時に動き出した。鉄道会館を挟《はさ》む2棟の超高層ビル「グラントウキョウノースタワー」「グラントウキョウサウスタワー」が2007年に、鉄道会館ビル跡地に両タワーを結ぶ「グランルーフ」が2013年に開業した。

また、東京駅日本橋口では単独事業として超高層ビル「サピアタワー」、東京駅構内にはエキナカ商業施設「グランスタ」の開発を進め、ともに2007年に開業した。これら東京駅を中心とした開発をひとつの街ととらえて「Tokyo Station City」と命名された。

2010年に前述の「ecute東京」が開業、丸の内駅舎の復原工事が2012年10月に竣工し、2014年に商業施設「グランスタ丸の内」が開業。近年では改札内を東西に結ぶ北通路の大規模リニューアル「北通路周辺整備」事業が2012年から2020年にかけて行なわれ、新たにエキナカ施設「グランスタ東京」が開業した。

続いて2022年3月に駅南側の東西自由通路新設工事、2024年5月に改札内南通路のリニューアルに着手しており、2030年代に向けて東京駅の変貌は続く。

駅を交通の拠点から「暮らしのプラットフォーム」へ

2001年から2017年まで、4つの経営構想にまたがって進められたステーションルネッサンスは、2017年11月に策定された生活サービス事業成長ビジョン「NEXT10」で次のステップに入った。内容としては翌年7月に発表されるグループ経営ビジョン「変革2027」の要素を先取りしている。

ステーションルネッサンスが、駅ビル・エキナカ開発により「通過する駅」からそれ自体が魅力を持つ「集う駅」に生まれ変わらせる計画だったのに対し、NEXT10は「駅づくり」から「くらしづくり（まちづくり）」への挑戦を掲げ、駅を中心にJR東日本グループのさまざまなサービス領域を拡大するビジョンを提示。

「4本の柱」として「のびる＝事業エリアの拡大とオープンイノベーションを通じた事業創造」「ひらく＝多様な魅力あるまちづくり（開発）の推進」「つなぐ＝魅力発信と交流促進による地域活性化」「みがく＝既存事業のバリューアップ」を設定し、2026年度を目途に生活サービス事業を営業収益、営業利益とも2016年度比で1・5倍とする数値目標を発表した。

「のびる」はこれまで、駅ビル、エキナカを中心に開発してきたショッピングセンター事業、ホテル事業、オフィス事業を新しい市場――マチナカ、JR東日本エリア外（中部・関西地方）、さらには海外に拡大するとした。

また、2010年代以降の技術革新を背景に、AIやビッグデータを活用したサービスの提供や、オープンイノベーションにより社内外のアイデアや技術・ノウハウを活用したビジネスやサービスを実現したいとしている。

「ひらく」は、首都圏を中心とする大規模ターミナル駅開発、大規模複合型まちづくり計画として、横浜駅西口駅ビル開発（2020年に「JR横浜タワー」として開業）、渋谷駅街区東棟（2019年に「渋谷スクランブルスクエア」として開業）、浜《はま》離宮《りきゅう》恩賜庭園を望む竹芝ウォーターフロントの再開発（「WATERS takeshiba」として2020年開業）が挙げられた。

　上記の開発はいずれもNEXT10以前に着工しているが、源流としては「ニューフロンティア2008」が掲げた「駅直結の立地を活《い》かした機能性、先進性に優《すぐ》れた大規模オフィス開発」や、「2020―挑む―」の「大規模開発の推進」「駅の外でのまちづくりの取り組み」にあるといえるだろう。

　ステーションルネッサンスに先行してサンフラワープランがあったように、ステーションルネッサンスから「NEXT10」へのシフトも、Tokyo Station Cityなどの取り組みとともに水面下で着実に進んでいたというわけだ。

　JR東日本は2021年に「Beyond Station構想」を策定し、駅をヒトの生活における「豊かさ」の起点と位置付け、「交通の拠点」から「暮らしのプラットフォーム」に転換する「くらしづくり」の方針を決定。社外パートナーとの共創で駅を「新たなビジネスを創発する拠点」へと変え、新たな収益確保を図る方針を発表した。

　複数のビジョンが登場してややこしいが、鉄道を含むグループ全体の経営ビジョンを示すのが「変革2027」で、そのうち生活サービス事業の成長ビジョンが「NEXT10」、不動産事業のくらしづくりについて定めたのが「Beyond Station構想」という階層だ。

　ただ、コロナ禍を経た「Beyond Station構想」は、駅中心の開発からマチナカへの展開を掲げた「NEXT10」から一歩進み、駅をエキナカ・マチナカ・オンラインに「つながる」空間と位置付け、オンラインショップ「JRE MALL」の商品を駅改札で受け取れるサービス、駅で健康診断やオンライン検診を受けられる「スマート健康ステーション」、通勤定期券利用者へのサブスクリプションサービス「JRE PASSPORT」などを提案している。

現時点ではいずれも試行錯誤の段階で、駅ビルなどとは異なり、経営にインパクトを与えるほどの効果は挙げていない。だが目的は、各サービスでいくらの利益を挙げるかではなく、利用者の生活にさまざまな接点を作り、JR東日本経済圏に組みこむことにある。今後はSuicaを駅空間と駅商圏をつなぐデジタルプラットフォームと位置付け、顧客との接点を増やすことで新たなビジネス機会を創出する方向を明確化しているが、詳細は次章で述べる。

「NEXT10」の特徴は、沿線における生活に密着した「まちづくり」への意欲だ。とくにジェイアール東日本都市開発が担当する住宅事業は、賃貸住宅管理戸数を2026年度までに2016年度比5倍となる3000戸とする意欲的な目標に掲げ、ターゲットを明確にした「提案型賃貸住宅」を次々に開発した。

同社はそれまでも旧社宅をリノベーションした「駒込ガーデンテラス（2014年竣工）」、ファミリー向け賃貸「アールリエット高円寺（2017年竣工）」、現業事務所跡地に新築した保育園併設の「びゅうリエット北小金（2014年竣工）」などを展開していたが、「NEXT10」では一気に加速する。2017年末までに旧社宅をリノベーションした留学生向けシェアハウス「シェアリエットS東小金井」(東小金井駅徒歩8分、70戸)、子育て支援賃貸住宅「びゅうリエット三鷹」(三鷹駅徒歩3分、18戸)、社宅跡地を再開発した多世代交流賃貸住宅「びゅうリエット新川崎」(新川崎駅徒歩10分、60戸)が竣工。

その後も旧社宅や社員寮をリノベーションした賃貸住宅として、シェア農園を備えるファミリー向け賃貸・シェアハウス「リエットガーデン三鷹」(三鷹駅徒歩8分、計136戸)が2019年に、「アールリエット武蔵境」(武蔵境駅徒歩7分、60戸)が2020年3月に開業。寮跡地を再開発した「びゅうリエット新小岩」(新小岩駅徒歩3分、100戸)が2021年に開業した。

2020年には初めての山手線沿線開発物件として、単身者・DINKs(子供を持たない共働き夫婦)をターゲットにした大規模賃貸住宅「びゅうリエットグラン新宿富山」(新大久保駅徒歩5分・高田馬場駅徒歩10分、219戸)が完成した。また、野村不動産との共同開発「西五反田3丁目プロジェクト」ではオフィス、分譲マンションとともに、高級賃貸住宅「目黒MARCレジデンスタワー」(五反田駅徒歩10分、194戸)が2022年に竣工しており、開発の大規模化が進んでいる。

首都圏以外でも開発が進められ、2021年には宮城県仙台市に商業施設併設の賃貸住宅「リエットテラスあすと長町」(長町駅徒歩1分、90戸)、2023年には青森県むつ市で旧社員寮をリノベーションした単身者向け賃貸住宅「リビスタ大湊《おおみなと》」（大湊駅徒歩6分、20戸）が開業した。

これら積極的な展開で当初の目標年度2026年度を待たず、2022年度末時点で3000戸を達成。現在は新目標として、2027年度までに6000戸を掲げている。

もうひとつ積極的に推進するのがホテル事業だ。ホテルメトロポリタン、ホテルメッツを中心としたホテル事業の総客室数は、2002年度から2022年度の20年間でおおむね倍になっており、近年は毎年のように新規出店を行なっている。2023年度は羽田、幕張豊砂《とよすな》、赤羽、田端の4店がオープンし、総客室数は1万を超えた。鉄道業界では相鉄HD、東急、阪急阪神HDに次ぐ規模である。

2023年3月の投資家向け説明会「IR DAY」で、「ホテルの新規出店判断時に重要視する点は」との質問に対し、「メトロポリタンホテルズのようなシティホテルタイプは、主要な駅やエリア内の県庁所在地などコンベンションが成り立つところへの展開が主である」「観光型ホテルは観光地の需要喚起《かんき》につながるか、地元とのシナジーが発揮できるか、鉄道事業の喚起につながるかなど、トータルで投資効果を得られるかどうかを勘案《かんあん》して展開を考える」と説明している。

ただ、こうしたホテルに適した立地は限られるため、比較的細長い土地でも開発可能なホテルメッツなどの宿泊特化型ホテルもあわせて資産の有効活用を図る。

4章

Suicaの進化がもたらす新たな生活スタイル

鉄道利用を変えたSuicaが変様期を迎えている

現代の鉄道システムを作り上げた偉大な発明のひとつが、2001年11月にサービスを開始したICカード「Suica」だ。

薄く小さなカードに入金しておけば、改札機にタッチするだけで鉄道を利用できる、定期券は乗り越し精算も自動でしてくれる、利用者が求める利便性を極めてシンプルなかたちで具現化した。さらに電子マネー、オートチャージ、モバイル化などサービスを拡大していき、今では欠かすことのできない交通インフラとなった。

Suicaの誕生は自動改札機の導入と表裏の関係にある。自動改札機は1960年代に研究が始まり、1970年代から自社で路線が完結する公営地下鉄や関西の大手私鉄を中心に普及したが、直通運転や乗り換え改札など複雑なネットワークを構成する首都圏では、一社単独で導入しても効果が限られるため、導入が遅れた。

じつは国鉄も1973年4月開業の武蔵野線をモデル線区として自動改札機を導入したが、国鉄の赤字拡大と労使関係の悪化もあり、その後は京葉線の一部に設置されるにとどまった。国鉄時代に進められなかった駅業務の合理化は、民営化で動き出す。自動改札機導入で期待される第一の効果は「省力化」だが、それだけでは印象が悪い。JR東日本は「省力化」に「サービス向上」「不正乗車対策」を加えた三本柱が必要と考えた。

不正乗車の被害額は当時、JR東日本だけで年間300億円以上と試算されており、深刻な経営問題となっていた。従来の自動改札機は乗車券の日付や区間を読み取って判定するだけだったが、出改札システムの規格を定める「日本サイバネティクス協議会」が1989年3月に新たな磁気券規格を制定し、より多くのデータを安定的に扱えるようになったことで、いわゆる「キセル」のチェックが可能になった。

改札口に立つ駅員は抑止力になるが、実際にすべてのきっぷをチェックできるわけではない。だが機械であれば、すべてのきっぷを厳格に確認できるため、不正乗車は大幅に減少したという。こうして1990年、山手線内から順次、磁気式自動改札機が導入されていった。

ただ、「省力化」と「不正乗車対策」という企業側の都合だけでは変革は受け入れられない。そこで利用者に「サービス向上」というメリットを提示するため、自動改札機に直接投入して使用し、乗車した区間の運賃が自動的に差し引かれる、画期的な新サービス「イオカード」を1991年3月に導入した。

磁気式自動改札機の導入が進む一方、JR東日本社内ではすでに10年後の更新周期を見据《みす》えて、コストダウンした次世代システムが必要との認識があったという。磁気券システム最大の問題はコストである。自動改札機はベルトやローラーできっぷを物理的に搬送し、磁気ヘッド部でデータの書きこみ、読みこみ、印字やパンチを1秒以内に完了する精密機械の塊《かたまり》であり、製造コストが非常に高い。

加えて、可動部がすぐに摩耗《まもう》するため、きっぷ通過枚数400万枚（大きな駅では半年、乗降数が少ない駅でも2年程度）を目安に、内部の機器を外して工場でメンテナンスをする必要があり、保守コストも重かった。さらに磁気データを保持する特殊な塗料を用いた用紙や、イオカードに用いるPETカードの調達コスト、また回収したきっぷを産業廃棄物として処理しなければならない。

代替システムの本命とされたのが、民営化直後から基礎研究が始まっていたICカード乗車券だ。リーダーだけで作動し、接触部がないため、製造コスト・保守コストともに大幅な削減が可能だ。実際、Ｓｕｉｃａ導入から5年で省メンテナンス化、磁気乗車券やイオカードの発行枚数削減など約94億円の費用削減効果があったと試算されている。

ＩＣカード乗車券の技術的な方向性は１９９２年頃には目途《めど》がついていたが、その後、実際の駅で行なったモニターテストでは、処理速度や通信エリアの設定、内蔵電池式カードの耐久性など課題は多かった。とくに読み取り精度の低さは不特定多数の人が利用する公共交通機関にとっては致命的だった。

読み取り精度が上がらないのは、ＩＣカードと読み取り部の通信時間が十分に確保できなかったからだ。「カードを読み取り部にかざして利用」と説明されたモニターたちは、読み取り部の上空をスッと横切らせただけだったので、ＩＣカードが通信エリアにとどまる時間が足りなかった。そこで開発陣は、「かざす」のではなく「タッチ」して利用するよう呼びかけることで、通信時間を稼ぐことに成功した。Ｓｕｉｃａの代名詞となる「タッチ・アンド・ゴー」の誕生である。

カードの改良も進んだ。電源供給を内蔵電池に頼らず、読み取り部から電波を発信し、受信したカードで電気に変換することで、バッテリーレスカードが可能になった。また、ＩＣカード表面の印字を書き換えられる構造にすることで、くり返し使用ができるようになった。

技術的な目途が立った1997年、正式な「ICカードプロジェクトチーム」が発足し、同時に7か月間にわたる本格的なフィールド試験を実施。良好な結果を収めたことで、JR東日本は1998年5月、「2001年にICカード出改札システムを導入」すると発表した。着手から10年、総額約130億円を投じたプロジェクトはついに結実することになった。

1980~1990年代の技術で作られたSuicaシステムは、2001年のサービス開始から20年以上経《た》った今でも色あせない、洗練されたものだった。Suicaシステムは「ICカード」「駅務機器（自動改札機・自動券売機など）」「駅サーバー」「センサーサーバー」の4階層で構成されている。このような複雑なシステムとなったのは当時、高速かつ安定した通信網が整備されていなかったからだ。

開発に参加したメーカーは当初、実用化までに通信インフラの高速化が進むと予測されることから、システムを簡素化するため、ICカードは読み取り専用として、カードIDをもとに運賃計算や残高管理をセンターサーバーで処理をする方式を提案したという。

しかし、公共交通機関として安定運行を重視するJR東日本は、ラッシュ時の改札通過で生じる膨大《ぼうだい》なトランザクション（コンピューターで処理する一連の処理をひとつにまとめた単位）を、自動改札機を通過するわずかな時間でオンライン処理するのは困難と考えていた。また、ネットワークやセンターサーバーの障害がシステムシャットダウンに直結するリスクを避けるため、ローカルで処理が完結する分散自律システムを採用した。

Suicaのシステムは I Cカード本体に記録された情報が起点となる。乗車駅の自動改札機にタッチするとカードに改札通過記録が書きこまれ、下車駅の自動改札機にタッチすると乗車記録と改札機に格納された運賃テーブルを照合して運賃を算出し、カードから引き去る。それを支えるのが、高速処理かつセキュリティ性の高いソニーの非接触ICカード技術「FeliCa」だ。

自動改札機や自動券売機、あるいは電子マネーの使用履歴は、駅サーバーを経由してID管理サーバーに送られ、IDごとに集約管理される。なお、使用履歴はカード本体に20件、自動改札機などにデータ3日分、ID管理サーバーに半年分のデータを保持しており、ネットワークやサーバーがダウンしても3日間はシステムが稼働する設計だ。

しかし、Suica導入から20年以上が経過し、ネットワークの高速化とコンピューターの処理速度は飛躍的に向上した。開発当初にメーカーが主張したセンターサーバー方式が安定的に稼働する目途が立ったことから、センターサーバー方式を採用した「新しいSuica改札システム」を、2026年度までに北東北、仙台、新潟、首都圏の各エリアに順次導入すると発表した。

センターサーバー式のメリットはいくつかあるが、ひとつはコストダウンだ。旧システムでは、運賃改定のたびに自動改札機の運賃テーブルを更新する必要があり、手間と時間がかかっていたが、システムのセンターサーバーへの集約と簡素化で、改修作業の工期短縮とコストダウンが期待できる。

営業上、最大のメリットはシステムの拡張性が飛躍的に拡大することだろう。現行Ｓｕｉｃａシステムでは運賃収受はローカルで完結していたため、ＩＣカードと自動改札機記憶容量、処理速度という制約があった。たとえば、複数存在するＳｕｉｃａエリアをまたいで利用できないのは、エリアを統合すると改札機の運賃テーブルに収まりきらないことが理由のひとつだ。

サーバー上でデータを処理することで、こうした制約がなくなり、時間帯や曜日ごとの割引など、利用条件・形態に対応したサービスも可能になる。すでにＪＲＥ ＰＯＩＮＴを介して、オフピークポイントやリピートポイントサービスなど、利用データを集計したうえで後日ポイント還元する仕組みは存在するが、さまざまな割引が即日適用可能になる。また、他のシステムと連携し、鉄道利用と商業施設利用を結びつけた仕掛けなど応用例は多数考えられる。

新Ｓｕｉｃａシステムの導入が進むなか、ＪＲ東日本は２０２４年6月に「Ｓｕｉｃａアプリ（仮称）」導入を軸とする中長期ビジネス成長戦略「Beyond the Border」を発表した。

同社グループはモバイルＳｕｉｃａ、えきねっと、ビューカード、ＪＲＥ ＰＯＩＮＴ、ＪＲＥ ＢＡＮＫ、ＪＲＥ ＭＡＬＬなど事業ごとにさまざまなオンラインサービスを提供しているが、

「Suicaアプリ（仮称）」のイメージ

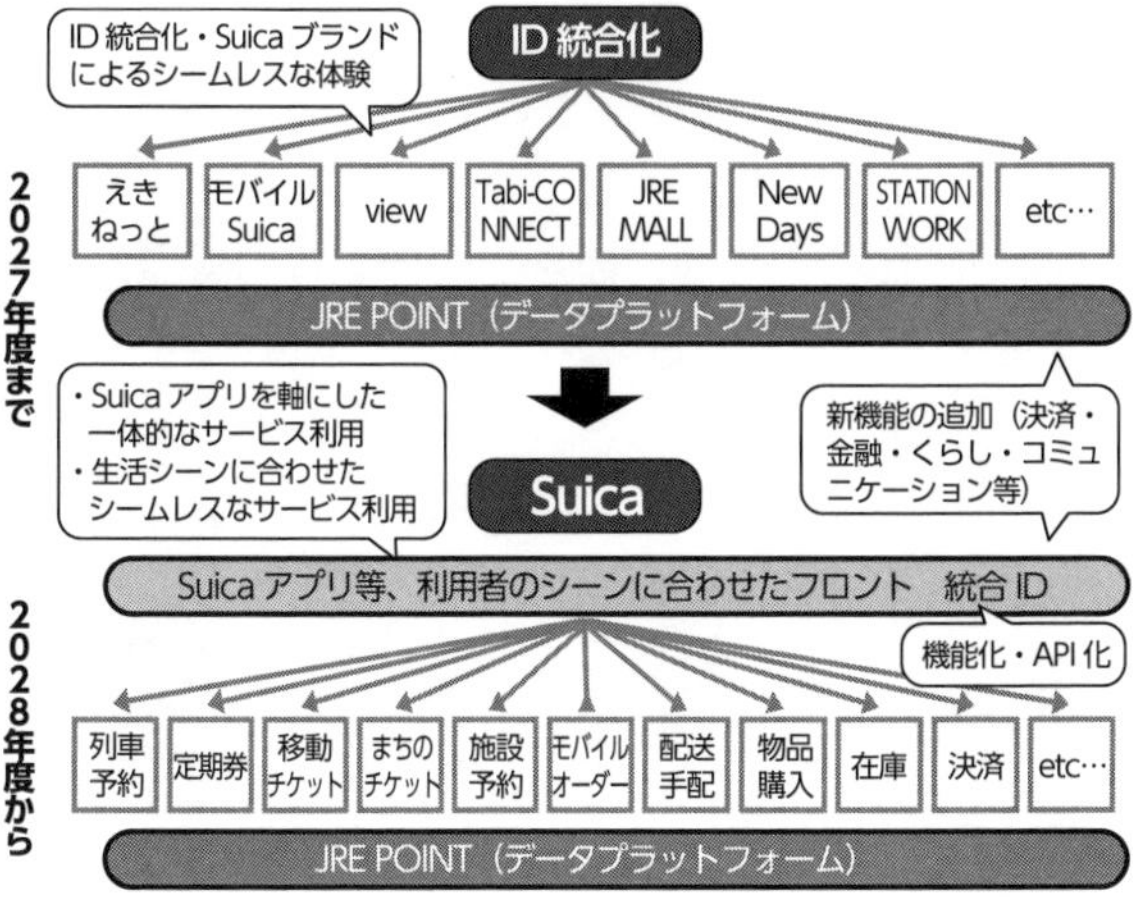

＊JR東日本ホームページを参考に作成

ＩＤの統合は進んでいない。利用者にとって不便なだけでなく、ＪＲ東日本にとっても顧客データの紐《ひも》づけができていないことを示しており、鉄道と生活サービス事業の融合を目指す同社にとって大きな障害となる。

そこでまず、２０２７年度までに各サービスのＩＤを統合し、駅ビルで一定額の買い物をした人に運賃割引を提供するなど、鉄道と生活サービス事業を組み合わせたサービスを開始。２０２８年度以降、統合ＩＤと連携した「Ｓｕｉｃａアプリ（仮称）」をリリースし、生体認証、マイナンバーカード連携、タイミングマーケティング、行政・地域サービスなど、あらゆる生活をカバーできる「生活のデバイス」サービスを提供したいとしている。

Ｓｕｉｃａの概念は、ＩＣカード出改札システム、あるいはカードそのものから、ＪＲ東日本グループの固有ＩＤへと変化していく。

チケットレス化・モバイル化の促進と課題

ＪＲ東日本は２０２１年5月、チケットレス化・モバイル化を推進し、「シームレスでストレスフリーな移動」の実現を加速すると発表した。インターネットやスマートフォンからのきっぷ購入の利便性をさらに向上させ、駅の窓口や券売機に立ち寄ることなく乗車券が購入できるよう、乗車スタイルの変革を促すという。

ＪＲ東日本のチケットレス化・モバイル化の歴史は長い。モバイルＳｕｉｃａの基礎技術検証が始まったのは、Ｓｕｉｃａ開発のフィールド試験が完了し、実用化に向けて進みつつあった１９９９年だ。

モバイルＳｕｉｃａの実用化に先がけて２００２年7月に始まったのが、中央線の朝夕ラッシュ時に運行される「中央ライナー」のライナー券を携帯電話上で予約し、チケットレスで利用できるサービスだ。限定的なものではあるが、帰宅時間が直前までわからないビジネスパーソンが、出先から手軽に予約できるようになったのは大きな進歩だった。

モバイルＳｕｉｃａは２００６年1月、フィーチャーフォンの「おサイフケータイ」サービスとして誕生した。当初は携帯電話からの定期券購入、チャージ、履歴確認のみだったが、2008年3月に新幹線のチケットレスサービス「モバイルSuica特急券」が登場した。

JR東日本は2000年4月にインターネット電子モール「えきねっと」を開設し、翌2001年4月から乗車券・特急券の取り扱いを開始。2002年2月には、えきねっと登録者向けに携帯電話上で指定席特急券の予約が可能になり、2009年11月には携帯電話上でえきねっとの登録もできるようになった。

モバイルSuicaはフィーチャーフォンに加え、2011年7月にAndroid、2016年10月にiPhone、2018年5月にGooglePayに対応。とくに日本で高いシェアを持つiPhoneが、日本市場のニーズをくみ取ってSuica（FeliCa）に対応したのは大ニュースで、モバイルSuicaの普及を大きく後押ししたといえるだろう。

2019年1月にはチケットレスサービスに特化したスマホアプリ「えきねっとアプリ」がリリースされたが、一方で2020年3月にフィーチャーフォン向けモバイルSuica特急券がサービスを終了。2021年3月には、えきねっと携帯電話サイトも終了するなど、スマホへのシフトが進んでいる。

そうしたなか、「自社新幹線のチケットレス利用率50%」達成の切り札として2020年3月にサービスを開始したのが、「新幹線eチケットサービス」だ。「えきねっと」で予約・購入時にICカード裏面に記載されたIDを入力し、そのICカードで新幹線の自動改札機をタッチすると、紐づいた乗車券の購入情報と照会し、通過できる仕組みだ。

このほかにも新幹線では、新幹線停車駅が2駅以上含まれるSuica定期券で新幹線自動改札機を通過すると、自由席特急料金を引き去ってチケットレス乗車できるサービスや、事前登録したSuicaで運賃・自由席特急料金を支払える「タッチでGo！新幹線」を提供し、定期・定期外のチケットレス利用を進めている。

もうひとつ印象的な出来事が回数券の「デジタル化」だ。回数券は定期券に次いで割引率が高く、根強い愛用者を持つ乗車券だが、発売形式は磁気式乗車券のみで、磁気券削減・廃止の足かせとなっていた。しかし安易に廃止すればサービス低下だと大反発が起きるのは必至だ。

そこで2021年3月、回数券の代替として導入されたのが、同一月内に同一運賃区間を月10回利用で運賃1回分、11回以上の利用で1回ごとに運賃の10％相当のJRE POINTが還元される「リピートポイントサービス」だ。

回数券には、特定の「A駅⇕B駅間」しか使えない区間式と、券面の料金「○○円」を運賃に充当できる料金式があり、どちらも10回分の金額で11回利用できるのが一般的だ。JR東日本の従来の普通回数券は前者だったが、リピートポイントはそのどちらでもなく、大宮～上野間と大宮～新宿間のように同じ483円の区間が対象となる。つまり、あわせて5往復（10回利用）すれば483円分のポイントが戻ってくる仕組みだ。

リピートポイントの定着を見たJR東日本は、いよいよ2022年4月に「9月末をもって普通回数券（通学割引回数券などは除く）の発売を終了する」と発表し、明治期から長い歴史を持つ回数券の歴史が幕を閉じた。

同社は2021年5月、近距離以外の乗車券類のうち、券売機や、えきねっとなど、みどりの窓口以外で販売した割合が2010年度の約50％から2019年度は70％、2020年度は80％まで上昇していると発表。チケットレス化・モバイル化のさらなる促進で、2025年度までに、えきねっと取り扱い率を約60％、自社新幹線のチケットレス利用率を約70％に引き上げる新目標を設定し、あわせて、みどりの窓口を2025年度までに7割（首都圏は231駅から70駅程度、地方では209駅から70駅程度）削減すると発表した。

2023年度末時点の実績値は、えきねっと取り扱い率が55％、チケットレス利用率が56％で、みどりの窓口の削減は目標の半分程度まで進んでいる。一見、バランスよく進んでいるように見えたが、2024年3月下旬から4月上旬にかけて、年度末・年度始めの定期券購入、急回復するインバウンド旅客の乗車券引き換えなどが殺到し、一部のみどりの窓口で大混乱が生じてしまった。

これを受け、JR東日本は2024年5月に「みどりの窓口削減の凍結」を発表。当面はこの数を維持し、閉鎖直後で設備が残る一部の駅では、利用に応じて臨時窓口を設置できるようにするとして方針を転換した。コロナ禍以降、スピードアップを狙ったチケットレス化は再考を迫《せま》られることになった。

指定席特急券を取り扱う自動券売機が登場したのは、みどりの窓口設置から約30年後の1993年のことで、1990年代末から2000年代にかけて主要駅を中心に拡大していった。えきねっとで予約した指定席特急券を、みどりの窓口に並ばずに券売機で発券できるようになったが、代替というより補助的な位置付けだった。

2000年代後半になると、特急券だけでなく乗車券、定期券などの発券や指定券の乗車変更、払い戻しなどに対応した多機能券売機や、マイクとカメラを用いてオペレーターが遠隔対応する「もしもし券売機Kaeruくん（2005〜2012年）」、「話せる指定券発売機（2020年から導入中）」などが登場。これら代替手段の登場で、JR東日本はみどりの窓口の縮小や削減に着手した。

近年は多機能券売機でさえも撤去が進んでいるのが実情だ。JR東日本からすれば「人だけでなく機械も削減」にとどまらず、一気にオンライン販売、チケットレスへ移行したいのが本音である。その受け皿となる、えきねっとは2021年6月に大規模リニューアルされたが、ユーザビリティに対する評価は高くない。

ただし、問題はえきねっとだけにあるとは言い難い。みどりの窓口を中心とする時代が約40年（1965～2005年）、指定席券売機が急速に普及したのが15年（2005～2020年）に対して、本格的なチケットレス化は始まってまだ5年程度だ。みどりの窓口を削減する取り組みは、長い時間をかけて進んできたものであり、コロナ禍という非常事態が後押ししたとしても、数年で解決するようなものではないからだ。

もうひとつのチケットレスの動きがQRコードの活用だ。厳密には、磁気乗車券のQRコード乗車券への置き換えは「チケットレス」ではないが、現行の乗車券システムを置き換える意味ではチケットレスの範疇《はんちゅう》といえるので、あわせて紹介しておこう。

鉄道の歴史は乗車券の歴史である。近距離乗車券に用いられる長さ3㎝、幅5・75㎝のきっぷは、1830年代にイギリスの鉄道技師トーマス・エドモンソンが考案したことから「エドモンソン券」と呼ばれる規格で、世界各国で200年近く用いられている。

現在、都市部で使われている裏が黒いきっぷもエドモンソン券だが、磁気情報を書きこめる「磁気乗車券」と呼ばれるタイプで、1980年代以降の自動改札機の普及とともに主流となった。ただし、2021年度のJR東日本首都圏エリアにおけるICカード利用率は95％に達しており、IC専用自動改札機の設置拡大、自動券売機の設置台数削減で、紙のきっぷを久しく見ていないという人も多いだろう。

そんな磁気乗車券も、いよいよ歴史的使命を終えることになりそうだ。ＪＲ東日本や東武鉄道、西武鉄道など関東の鉄道事業者8社は２０２４年5月、ＱＲコード乗車券を２０２６年度末以降導入し、磁気乗車券を廃止すると発表したのである。

前述のように、最後まで一定のボリュームがあった磁気式普通回数券は廃止できたものの、磁気券が1枚でも残っていたら磁気対応の自動改札機を完全には廃止できない。

そこで注目したのが、紙に印刷またはスマホ画面に表示し、非接触で読みこめるＱＲコードだ。海外の都市鉄道ではＱＲコード乗車券を導入した事例は珍しくないが、じつは日本でも10年ほど前から「沖縄都市モノレール（ゆいレール）」と「北九州高速鉄道（北九州モノレール）」で使われており、「舞浜リゾートライン（ディズニーリゾートライン）」も２０２５年夏以降に導入を予定している（ただし、ＱＲコード乗車券になっても、エドモンソン券であることは変わらない）。

ＱＲコードというと読みこみに時間がかかるイメージがあるが、ＩＣ乗車券には及ばないものの、仕様によっては磁気乗車券より早く処理することも可能で、技術的なハードルは高くない。それでも大手鉄道事業者で導入が進まなかったのは、大都市では他社との直通運転や乗り換え改札の設置があり、1社では導入が困難だったからだ。

その意味で今回、8社共用のＱＲ乗車券管理サーバーを設置し、歩調を合わせて導入を進めると発表したことは、ＱＲコード乗車券の標準化に向けた大きな一歩である。

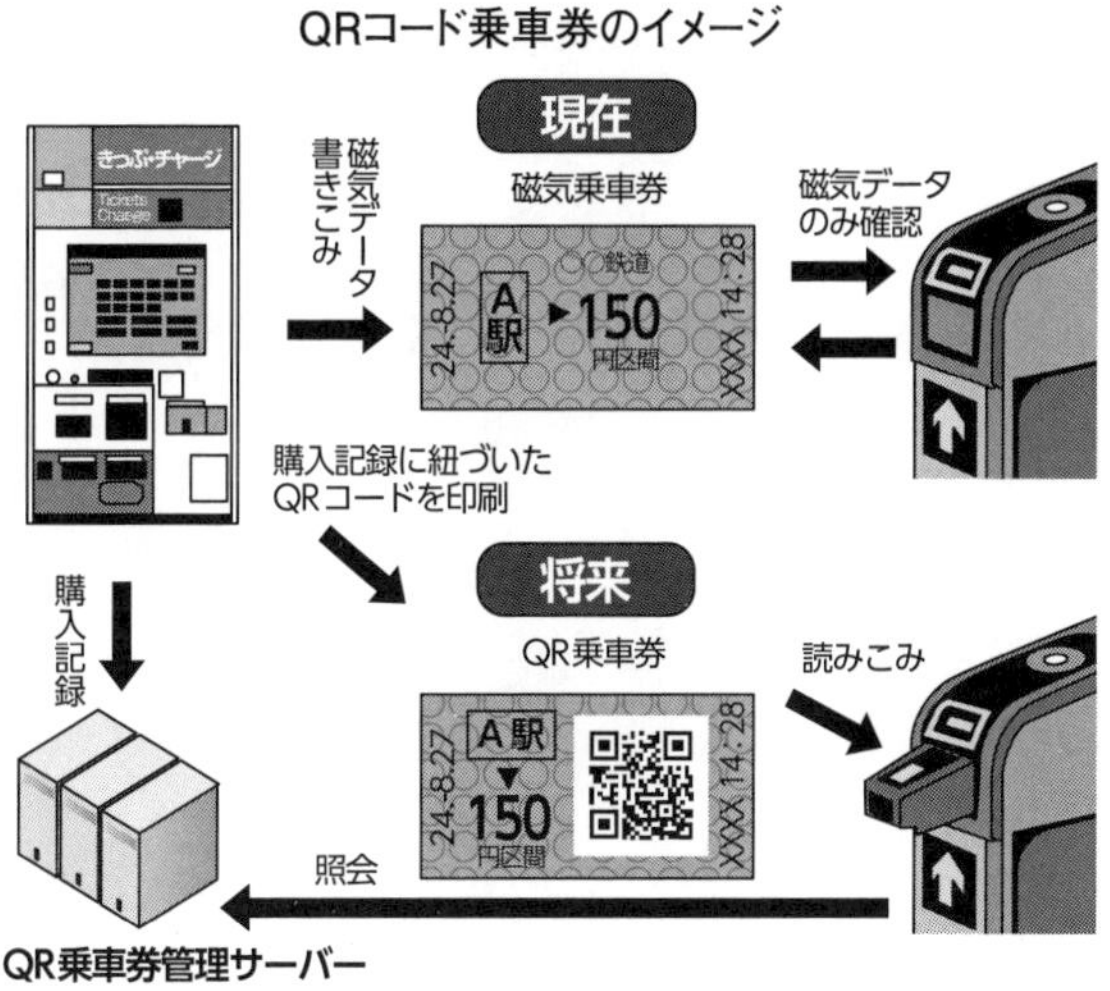

*JR東日本ホームページを参考に作成

現時点で参加を表明していない東京メトロや都営地下鉄、東急などの事業者については、QR乗車券の取り扱いなどサービス面での調整を進めるとともに、磁気乗車券の縮小とQRコード乗車券への移行を共同で検討するとしている。

QRコード乗車券導入のメリットは鉄道事業者にとってのコストダウンだけではない。それを説明する前に、QRコードを活用した乗車券システムの仕組みについて解説しておこう。

前述のゆいレール、北九州モノレールの仕組みは、磁気乗車券がきっぷ自体に磁気情報を書きこむのと同様に、券売機で購入した日付と発売駅、区間をQRコードに変換して印刷する。

一方、8社が導入を目指すシステムは、きっぷには乗車券情報を書きこまない。きっぷ購入時は、券売機で選択した乗車券情報（日付、乗車駅、区間など）が共用サーバーに送信され、この記録に紐づいた識別記号としてQRコードが券面に印字される。

使用時は、QRコードを自動改札機のリーダーに読ませると、改札機からサーバーに乗車券情報を照会し、有効な乗車券であれば「入場」を記録する。下車時も自動改札機からサーバーに乗車券情報を照会し、有効ならば通過できる。

磁気券の記録容量は限られており、乗車券として最低限のデータしか保持できないが、センターサーバーなら複雑な情報でも容易に扱える。またサーバー上のデータは乗車券の購入後、使用開始後でも変更可能なので、出発から到着までさまざまな交通手段や観光地をシームレスに結びつける「MaaS」と相性がよい。

QRコード乗車券のもうひとつの利点は発券の制約がなくなることだ。磁気乗車券は特殊な用紙と磁気情報を書きこむ機械がなければ作れないため、駅や旅行代理店でしか発行できないが、QRコードはスマホで使用可能だ。

JR東日本は2020年から、えきねっとで購入した乗車券・特急券をICカードで利用できる「新幹線eチケットサービス」を提供中だが、2024年10月1日にはSuicaエリア外でも利用できるQRコード乗車券「えきねっとQRチケ」を開始する予定だ。

各サービスをつなぐグループ共通ポイント「JRE POINT」

ＪＲ東日本の鉄道事業、生活サービス事業、ＩＴ・Ｓｕｉｃａ事業を結びつけるのがＳｕｉｃａであり、グループ共通ポイント「ＪＲＥ ＰＯＩＮＴ」だ。

ポイントプログラムに期待される効果は複数あるが、その中心となるのが「ロイヤルティ・マーケティング」だ。ポイントプログラムによって購買履歴と顧客データを結びつけ、顧客ごとの属性に応じたマーケティングを行なう。また、購買金額に応じて顧客をランク分けし、提供されるサービス内容を変えることで、顧客の囲いこみ、継続利用を図る仕組みだ。

交通業界のロイヤルティ・マーケティングは、１９８０年代初頭に登場したアメリカン航空のマイレージプログラム「AAdvantage」を嚆矢《こうし》として、世界の大手航空会社に広まった。日本の鉄道業界ではこれまで、ロイヤルカスタマー向けのプログラムを提供する事業者は少なく、グループの百貨店、ショッピングセンターやクレジットカードの顧客にポイントを提供するケースが多い。

小売り事業のポイント会員はマーケティングと相性がよく、ターミナルデパートの囲いこみを期待できる。ＪＲ東日本のポイント制度も、国鉄時代に開業したルミネが店舗ごとに展開した会員制度に始まり、民営化後に開業したアトレなどの駅ビル、ショッピングセンターでもポイント制度が設けられた。

次は1993年に発行を開始したクレジットカード・ビューカードの「ビューサンクスポイント」だ。1000円の利用につき2ポイント（5円相当）、定期券購入は1ポイントが貯《た》まり、ポイントに応じて景品と交換できた。

2001年にみどりの窓口で一般クレジットカードが使えるようになると、サービスを差別化するため、JR東日本のサービス決済時にポイントが3倍になる「VIEWプラス」が創設された。2006年にSuicaオートチャージサービスが始まると、1000円あたり6ポイント（15円相当）、還元率1・5％で鉄道利用、電子マネー利用ができることから人気を博した。

鉄道向けポイントサービスは、2002年7月にオープンした旅の総合サイト「えきねっとTravel」が取り入れた「えきねっとポイント」に始まる。当初は旅館・ホテル予約が対象だったが、同年12月から特急券・グリーン券の購入にもポイントが加算されるようになった。

ポイントシステムは独特で、金額にかかわらず指定席1枚あたり20ポイント（50円相当）、グリーン車を利用する場合は40ポイント加算、えきねっとが提示する「おすすめ列車」を選択した場合はさらに50ポイントが加算される。獲得した「えきねっとポイント」はビューサンクスポイントや、後述のSuicaポイントに自動的に交換できる仕組みがあったが、わかりにくさは否《いな》めなかった。

Ｓｕ·ｉｃａ利用を対象にしたポイント制度は２００７年６月、電子マネー利用を対象とした「Ｓｕ·ｉｃａポイント」サービスが最初だ。当初はモバイルＳｕ·ｉｃａ会員、ビュー・スイカカード会員向けのサービスだったが、２０１０年にカード型のＳｕ·ｉｃａ定期券、「Ｍｙ Ｓｕ·ｉｃａ（記名式）」も登録できるようになった。ポイントはＳｕ·ｉｃａにチャージ、または提携ポイントに交換できた。

こうして駅ビル、クレジットカード、乗車券購入、電子マネーなど、施設・事業ごとにポイント制度が設立されたが、その数は24種類に達し、文字通り乱立といえる状況だった。利用者にとってわかりにくいだけでなく、事業者にとっても横断的な活用が難しい。

そこで、ＪＲ東日本はようやくポイント制度の統合に乗り出し、２０１６年２月にグループ共通ポイント「ＪＲＥ ＰＯＩＮＴ」を開始。手始めにアトレのポイントプログラム管理システムの更新にあわせて、駅ビルのポイント統合を果たした。それぞれ長い歴史を持ち、独自の顧客データを積み重ねてきた駅ビルには抵抗感も少なくなかったようだが、第１段階で最難関をクリアしたことで、ポイント制度の統合は順調に進んだ。

続いて第２段階として２０１７年12月にＳｕ·ｉｃａポイント、２０１８年６月にビューサンクスポイントを統合。２０１９年10月には事前登録したＳｕ·ｉｃａで乗車すると、モバイルＳｕ·ｉ caは運賃・グリーン料金の2%、通常のSuicaは0・5%のJRE POINTが還元される。また、モバイルSuica定期券の購入に2%の還元を設定し、モバイルSuicaへの移行を強く促した。

JR東日本がみずから「Suica究極の新サービス」と銘打《めいう》った鉄道版マイレージは、続いて2020年に「タッチでGo！新幹線」の利用や、オフピークポイント、リピートポイントとしてもJRE POINTが貯まるようになり、導入が遅れていた鉄道利用に対するポイントサービスを一気に拡充した。

2021年6月には残る、えきねっとポイントが統合され、ようやく共通ポイント化が完了。同年7月には、一律1・5%の加算だったVIEWプラスを改定し、一般カードで最大3%、ゴールドカードは8%に引き上げるなど、営業施策と連動したメリハリあるポイント還元を開始した。

2023年度末時点のJRE POINT会員数は約1500万人で、2027年度末に3000万人が目標だ。JAL（日本航空）やANA（全日本空輸）のマイレージ会員は3000万人以上だが、営業エリアと歴史の違いを考慮すれば、かなり意欲的な目標だ。あわせてJRE POINTを新幹線の座席アップグレードや新幹線・在来線特急列車の乗車チケットと交換できるようになったことで、名実ともにJR東日本の「マイレージプログラム」となった。

鉄道のポイント還元自体は、2007年のPASMOサービス開始とあわせて東京メトロの「メトロポイントPlus」、小田急電鉄の「小田急乗車ポイント」が誕生しており、JR東日本は先駆者というわけではないが、広大な営業エリアと多様なサービスを展開しているからこそポイントの価値が高まり、会員の取りこみ効果も期待できる。

実際、JR東日本のMaaS・Suica推進本部決済事業部門長（当時）の今田幸宏氏は、『FinTech Journal（2022年3月8日）』の取材に、「『JRE POINT会員』の方が非会員よりも購買額・購買単価が高い」と述べている。

例を挙げると、エキナカ加盟店でのSuicaの1か月・1枚あたりの購買額は、非会員が1145円、会員が1953円で808円の差がある。また、駅ビルで商品購入時「JRE POINT」を利用して支払った場合の客単価は2087円、利用しなかった人は1619円で、ポイントが「ついで買い」や「ご褒美《ほうび》買い」を誘発しているという。

ただし、JR東日本のサービス統合は道半《なか》ばだ。JRE POINTにより各ポイントは統合されたが、サービスごとのIDは独立しており、現状ではビューカード、えきねっとなど、各サービスに登録したうえで、それぞれをJRE POINTに紐づける必要がある。

そこで2024年6月に発表した中長期ビジネス成長戦略「Beyond the Border」では、2027年度までに各サービスのIDを統合し、2028年度以降は新しい「Suicaアプリ」

を軸に、各サービスを一体的、シームレスに利用できる体制を目指すと定めた。えきねっとやJRE MALL、STATION WORKなど、現在はそれぞれが独立したサービスを「Suicaアプリ」に連《つら》なる機能として提供する、いわゆる「スーパーアプリ」化を目指した取り組みだ。

スーパーアプリとは、ひとつのアプリ内で、SNS、スマホ決済、投資、フードデリバリー、タクシー予約など複数の機能を利用できる統合サービスのこと。ひとつのアカウントでさまざまなサービスを受けられるのが利点だが、「該当するサービスは何か」というと、なかなか難しい。

日本ではLINEやPayPayなどが近い存在ではあるが、主に中国の「WeChat」、シンガポールの「Grab」、インドネシアの「Gojek」などアジア圏で普及しているサービスだ。Twitterを買収したイーロン・マスク氏が「Xのスーパーアプリ化」を目標に掲げたように、欧米でもスーパーアプリ化の試みはあるが、実現例はいまだにないと考えられている。

スーパーアプリはすべての機能を内包《ないほう》するために、ややもすれば器用貧乏になりがちだ。さまざまな機能を盛りこんでユーザーを囲いこもうというのは事業者の発想であって、ユーザーからすれば、使いやすいアプリをそれぞれ選んで組み合わせる以上の価値がなければ付き合う必要などない。

では「Suicaアプリ」はスーパーアプリになれるのだろうか。JR東日本は今後10年で、移動と一体のチケットサービス、金融・決済、生体認証、マイナンバーカード連携、タイミングマーケティング、健康、学び、物流、行政・地域サービスとの連携など新機能を順次追加し、Su・icaひとつであらゆる生活をカバーするデジタルプラットフォームを目指すとしている。

結局のところ、アプリとは画面占有率のシェア争いだ。何でもできるアプリがあったとしても、定期的に使わなければ存在を忘れてしまう。その点、QRコード決済手段としてトップシェアのPayPayや、メッセージアプリとしてトップシェアのLINEは、利用者の接点を作るうえで優位だ。

これに対してJR東日本は「日常の鉄道利用」という大きな接点を持つ。前記の新機能がどの程度のものになるかは定かではないが、人の移動に親和性の高いサービスであればSu・icaアプリであることの意味を持つ。少なくとも現在JRE POINTで紐づく関連サービスが一本化されるだけでも意義と効果はあるはずだ。

「オフピーク定期券の導入」に見るJR東日本の狙いとは

コロナ禍でJR東日本が打ったさまざまな取り組みのうち、もっとも大胆で革新的だったのは、2023年3月に導入された「オフピーク定期券」なのかもしれない。

通常の定期券を1・4%値上げしたうえで、ピーク時間帯（駅ごとに設定）は利用できないが、10%の割引が適用されるオフピーク定期券を新設するというもの。ピーク時間帯の利用を5%削減するのが目標だ。

JR東日本がオフピーク定期券の構想を明かしたのは、2020年9月のことだった。

日本の鉄道運賃制度は「総括原価方式に基づく上限認可制」を採用しており、鉄道の運行に必要な経費や人件費、減価償却費《げんかしょうきゃく》、法人税など諸税の合計を「営業費」とし、これに「支払利息」と「配当金」などを加えた合計を「総括原価」とする。運賃（新幹線は特急料金含む）は「総収入」が総括原価を超えない範囲で認可され、この「上限運賃」の枠内で「実施運賃」を決定する。

つまり、オフピーク定期券の割引率を上げることはできても、それ以外の定期券の値上げは認められないのだが、国土交通大臣の諮問《しもん》機関である交通政策審議会が、2022年に「総収入を増加させない範囲での運賃設定」を認める答申をしたことで、実現の運びとなった。

なお、JR東日本はオフピーク定期券に先がけて2021年3月、通勤定期券でピーク時間帯の前後1時間に入場するとポイントが還元される「オフピークポイントサービス」を導入した。オフピーク定期券のトライアルとして1年限定のキャンペーンだったが、延長をくり返し、2024年現在も実施している。

ＪＲ東日本の輸送量（人キロ）に占《し》める通勤・通学定期券の割合は、コロナ前の２０１８年度は65％、２０２３年度はやや下がって61％だが、いまだに利用の半分以上は定期である。収入に占める割合は、２０２３年度で37％。かつてほどではないが輸送量と収入の格差は大きい。

一般的に定期利用比率が大きいほど、通勤・通学ラッシュ時間帯の利用が多いことを意味する。定期利用者はボリュームとして大きく、１か月単位で前払いしてくれる優良顧客であることは間違いないのだが、経営の効率という観点から見ると手放しでは喜べないのが実情だ。

というのも、当たり前の話ではあるが、鉄道施設や車両は運行本数が最多となる朝ラッシュにあわせて準備しなければならない。たとえば、朝ラッシュピークは２分間隔（毎時30本）、日中は５分間隔（毎時12本）で運行する路線では、半分以上の車両はラッシュ時間帯しか出番がなく、朝が過ぎれば車庫を陣取ってお昼寝だ。

運行本数が増えれば高性能、高密度の信号保安装置や、変電所容量増強などの設備投資や、列車の走行本数に比例して行なわれる保線作業などさまざまなコストがかさむので、ピークシフトは経営効率の向上に直結する。

では、オフピーク定期券導入で狙い通り５％のピークシフトが起きた場合、経営上どの程度のインパクトが見込めるのだろうか。ＪＲ東日本は「現時点では具体的な定量効果を導き出すことは難しいが、今後、利用の平準化が定着すれば、輸送サービスの柔軟な設定や将来の車両更新数の抑制などが可能となり、中長期的な鉄道事業の構造改革やコストの削減に資する」と述べる。

ただし、今のところ狙い通りには進んでいないようだ。同社によると2024年3月末時点の購入率は7・9％で、目標の17％には遠く及ばない。また、購入前後の利用履歴から算出したピークシフト効果は、2023年2月と比較して1％未満だ。購入率に対してピークシフト効果が低いのは、オフピーク定期券購入者の多くが、もともとオフピーク時間帯に利用していた人だったと考えられる。

伸び悩みの要因は複合的だ。JR東日本が通勤定期券利用者を対象に実施した調査では、商品性の認知度が十分ではないことが判明している。また、定期券代を企業が負担する慣行がある日本では、雇用側の理解がなければ切り替えられないというハードルがある。

企業側も通勤手当の見直し、勤怠《きんたい》システムと通勤手当が連動している経理システムの改修、社内会議時間の変更やルール等の社内整備など、労力に見合うコストメリットが感じづらいこと、また勤務制度があったとしても、すべての社員がオフピーク定期券を利用できないため、公平性の観点から推奨されないことも影響していそうだ。

インセンティブを高めるため、オフピーク定期券購入時のJRE POINT還元（購入額の5％）を2024年3月に開始、10月からは割引率を15％に拡大する。また、キャンペーン、

オフピーク定期券の利用状況（2023年4月～2024年1月）

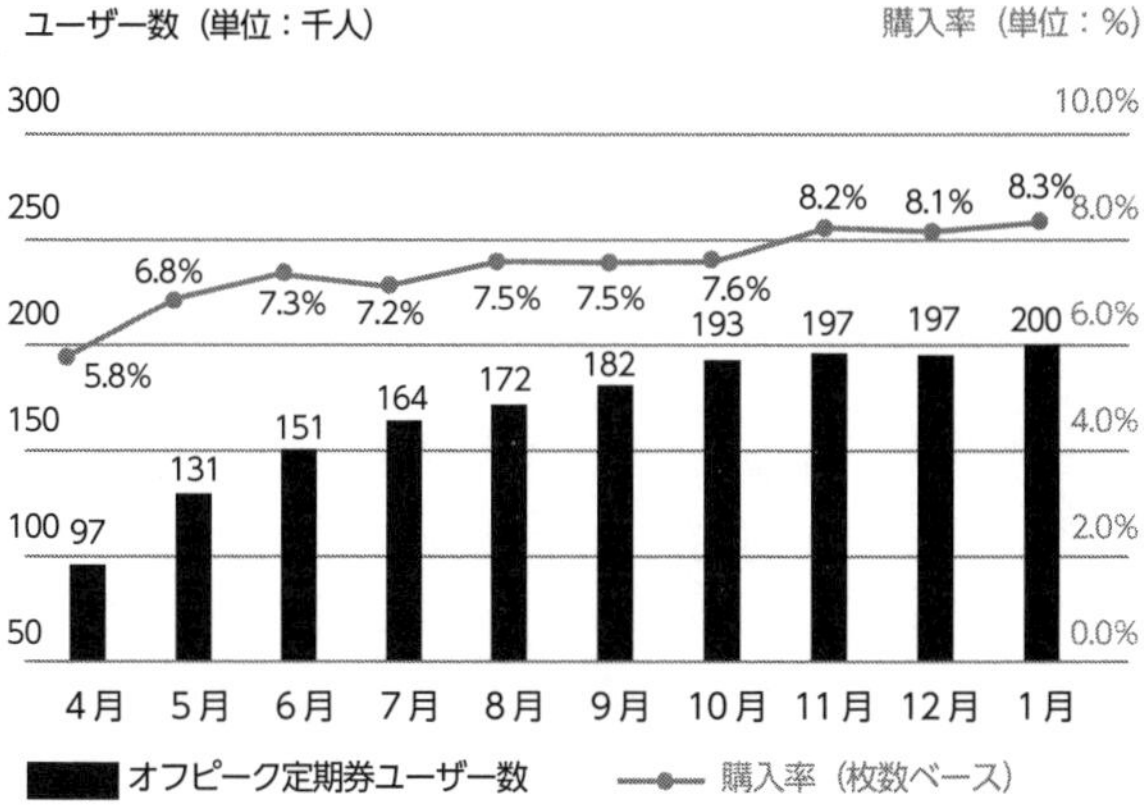

※購入率は電車特定区間内完結となる全通勤定期券の販売枚数（他社販売分含む）のうち、「オフピーク定期券」の販売枚数が占める割合

＊JR東日本ホームページを参考に作成

企業訪問や企業向けセミナーの展開で、発売当初から比べると着実に増加しているという。

新幹線においても需要の平準化と収益の最大化を目的に、商品に価格差をつける「ダイナミックプライシング」の導入が進みつつある。その第一段階といえるのが、2022年に設定された指定席特急料金の「最繁忙《さいはんぼう》期」だ。通常期（530円）、繁忙期（730円）、閑散《かんさん》期（330円）の3区分に、最繁忙期（930円）が加わり、最大600円の差がついた。

また、従来の繁忙期は7月下旬から8月いっぱい、閑散期は9月、11月の平日など、ざっくりとした期間で決まっていたが、最繁忙期の登場にあわせてメリハリのある設定に変更。最繁忙期を年末年始やゴールデンウィーク、お盆のピークに集中的に設定するとともに、その前後に通常期、閑散期を設けるなど、ピークシフトを強く意識した設定となった。

通勤路線とラッシュの関係と同様に、新幹線も年末年始やゴールデンウィーク、お盆の三大繁忙期に臨時列車運行に備えた車両や設備を保有している。それでもピークは指定席の予約が取れず、自由席乗車率が200％近くに達するが、車両増備、増発など供給量を増やしてもキリがなく、経営効率が下がるだけなので、価格差をつけて需要側を調整する必要がある。

もうひとつ期待できる効果は「機会損失」の解消だ。ホテルの空き室や交通機関の空席は翌日に持ち越して販売できない。値下げすれば売り切ることができるかもしれないが、全体を値下げすれば減収になり、直前になって売れ残りを値下げすれば顧客の信頼を失う。

ダイナミックプライシングの代表格である航空業界は、曜日（月曜日から木曜日は安く、金曜日と土曜日が高い）、季節（年末年始やゴールデンウィーク、お盆は高い）、時間（午前中の便などは高く、早朝や深夜などは安い）で運賃が異なり、予約時期によって割引率も変わる。

ダイナミックプライシングは、価格を柔軟に変更可能でなければ成り立たない。1970年代以降のアメリカ航空業界で柔軟な価格戦略が流行した背景には運賃分野の規制緩和があり、日本で定着したのも2000年の運賃自由化以降のことだ。高速バスも近年の規制緩和で柔軟な運賃設定が可能になった。

一方、鉄道の価格戦略は自由度が低い。1997年以前の鉄道運賃はひとつひとつの区間ごとに金額が決められていたが、1997年の規制緩和で上限運賃の範囲内であれば事前の届出で運賃・料金の割引ができるようになった。しかし、需要が大きい時期に、列車の運賃・料金を上げることはできないため、航空業界のような価格戦略は難しい。

JR東日本の「えきねっとトクだ値」、JR西日本の「スーパー早得《はやとく》きっぷ」、JR九州の「ネット早得7」は、制約のなかでも、需要予測にもとづいて一部の座席を割引販売している。JR東日本は「トクだ値」について、「三大繁忙期に混雑するピーク期間を避けて利用してもらう目的で、日付や列車を限定して『トクだ値』の設定座席数を増やし、利用の平準化に取り組んでいる」と語るが、やはり効果は限定的といわざるを得ない。

そのなかで最繁忙期に200円値上げすることができたのは、新幹線の自由席特急料金は運賃の一部とみなされ認可対象だが、設備の対価である「座席指定料金」は届出で変更可能だったからだ。200円では「ダイナミック」に程遠いが、現時点では制度上の制約からこれが限度だった。

JR東日本は「最大600円の価格差ではピークシフトの効果は限定的」としたうえで、「ピークシフト施策を継続的に取り組んでいくため、より柔軟な運賃・料金設定の実現に向けて、さらなる規制緩和を国に働きかけていきたい」と述べている。

電子マネーとしてのSuicaに立ちはだかる壁とは

Suicaは日本に電子マネー文化を定着させた点でも偉大な発明だった。「Suica電子マネー」は2001年11月のSuica導入から2年半後、2004年3月に「Suicaによるショッピングサービス」としてスタートした。当初は64駅196店舗の限定的な展開だったが、同年4月から一部のキヨスクも対応した。

Suica開発の中心を担《にな》った椎橋章夫《しいばしあきお》氏は2008年、野村総研のインタビューに対し、「当時（1990年代末頃）を振り返ると、香港でOctopusが電子マネーとしてだいぶ使われていました。日本でも、新宿や渋谷でVISAキャッシュですとかスーパーキャッシュなど、いろんな電子マネーの実証実験が行なわれていたので、基本的に電子マネーとしての展開は頭のなかにありました」と語っている。

実際、椎橋氏はSuicaのネーミングと導入スケジュール発表直後の1999年末、ICカード利用拡大の方向性について「利用者の範囲は鉄道利用からもうひとつ拡大して、JR東日本だけでなくグループ会社全体を含めたキャッシュレス化が進む可能性がある」と述べている。

とはいえ、進める側も「電子マネーがどういうものなのか、よくわかっていなかった」のが実情で、社内にも慎重論、反対論は少なくなかった。

たとえば、ＪＲ東日本副社長・会長を務めた山之内秀一郎《やまのうちしゅういちろう》氏は２００８年の著書『ＪＲはなぜ変われたか』で、「私はこの機能には懐疑《かいぎ》的だった。それまで銀行などが一部で試行していたが、まったく普及していなかったし、小銭入れで十分だと思っていた」と告白している。

椎橋氏や山之内氏が言及するように、電子マネーの研究開発は銀行・クレジット業界を中心に１９８０年代から行なわれていたが、普及に至らなかった最大のハードルは技術面以上に、「電子マネーとは何ぞや」の理解が追いつかなかったことにある。いつどこで使うものなのか、なぜ電子でなければならないのか、クレジットカードとは違うのか、利用者はもちろん開発者にもはっきりとした活用のイメージがなかったのではないだろうか。

Ｓｕｉｃａとともに電子マネー黎明《れいめい》期を牽引《けんいん》したのが、奇《く》しくもＳｕｉｃａと同じ２００１年11月に誕生した「Ｅｄｙ（現・楽天Ｅｄｙ）」だ。

日本初の本格的電子マネーであり、２００３年にＡＮＡと提携してマイル経済圏に組みこまれたことで大きな注目を集めた。ただ、Ｅｄｙは電子マネーである利点や明確な利用スタイルを示すことができず、赤字体質を脱することができないまま、２００９年に楽天グループの傘下に入った。

これに対してＳｕｉｃａは首都圏の鉄道利用者なら誰でも持っているうえ、常に一定額がチャージされている。電車に乗る前のわずかな時間でも小銭を出さずに買い物できるという便利体験は、まさに百聞は一見に如《し》かず、だ。

２００５年６月の電子マネー対応店舗は約１０００店舗だったが、翌２００６年６月には約６７００店舗と、急速に加盟店開拓が進んだ。２００７年にはタクシー大手の国際自動車、日本交通がＳｕ・ｉｃａに加盟。２００８年にはＪＲ西日本のＩＣカードＩＣＯＣＡと電子マネー相互利用を開始し、首都圏だけでなく関西圏でも電子マネーが利用できるようになった。

サービス開始から10年後の２０１４年７月末には約26万店、２０２２年度末に約１６３万店にまで達しており、２０２３年度の電子マネー利用件数は月平均で約３億件だ。ＪＲ東日本は２０２７年度に約６億件まで引き上げる数値目標を掲げている。

加盟店と利用額が増えるにつれて、手数料収入も存在感を増してくる。２０２３年度のＩＴ・Ｓｕ・ｉｃａ事業の営業収益は約６１６億円、営業利益は約１６２億円。クレジットカード事業も含む数字だが、乗車券として開発されたＳｕ・ｉｃａがここまでの波及《はきゅう》効果を生み出したのは先見の明があったというしかない。

２００６年にモバイルＳｕ・ｉｃａが誕生し、駅に行かなくてもチャージが可能になったことで、電子マネーとしての利用の幅が広がった。ビューカードでチャージすれば１・５％のポイントがつくことも手伝って、モバイルＳｕ・ｉｃａ利用者はカード型Ｓｕ・ｉｃａの利用者と比べて、電子マネーの利用回数が多い傾向にあるという。

もうひとつ先駆的といえるのは、キャッシュレス化によるセルフレジの導入だ。近年ではさまざまな店舗で導入が進んでいるが、日本で初めてセルフレジが導入されたのは2003年、大手コンビニチェーンではローソンの2010年が最初だという。これに対してJR東日本がNewDaysに導入したのは2007年とかなり早い。

朝の通勤時間帯はどうしても混雑し、会計待ちの列が店舗の外まで延びることも珍しくない。待たされる人はイライラし、行列を見て入店を諦《あきら》める人も多かった。そこで釣り銭が発生しないSuicaを活用したセルフレジを導入し、会計時間の大幅な短縮を図ったのだ。実際には利用率が伸びず、早々に撤去した店舗もあったようだが、これも駅利用者のほぼすべてがSuicaを持っているから成り立つチャレンジだった。

一方で課題もある。電子マネーでは圧倒的な存在感を誇っていたSuicaだが、2019年頃からPayPayなどのQRコード決済が急速に普及し、決済額は2022年に逆転した。その後も伸び続けるQRコードに対し、電子マネーの決済額はここ数年頭打ちでもある。

Suicaはあくまでも鉄道利用が主で、電子マネーは附帯《ふたい》サービスの位置付けであり、システムの都合上、チャージ残高の上限が2万円と少ない。一方、PayPayは個人間送金やグループ支払いなど柔軟なサービスを提供しており、Suicaはキャッシュレス決済手段としての魅力に劣る。

駅構内の売店、コンビニなど1分1秒を争う店舗であれば、QRコードを表示して読みこませるより、タッチするだけで完結するICカードが有利だが、QRコード決済は個人店にも広く普及しており、JR東日本経済圏をマチナカに広げていくうえではネックとなる。とくにICカード普及率の低い地方では太刀打ちできない。

また近年では、クレジットカードを直接タッチして支払う「オープンループ」と呼ばれる決済手段が交通業界に広がりつつある。関西の主要な鉄道事業者は関西万博を見据えて2025年春までに導入を完了する予定である。関東の大手私鉄でも実証実験が行なわれている。

Suicaは事前にチャージして使うプリペイド型だが、クレジットカードのタッチ決済は後払いのポストペイ型だ。Suicaで鉄道を利用した場合、一旦は通常の運賃を支払い、後でまとめて乗車ポイント、リピートポイントなどが還元される仕組みだ。これに対してタッチ決済は、使用履歴を集計して割引後の金額で請求するため、利用額が一日乗車券の金額を超えた分は請求しないなどの柔軟な対応が可能だ。

もともと決済額ベースでは、キャッシュレス決済の8割以上がクレジットカードだ。Suicaが電子マネーを定着させたのと同じ構図で、手持ちのカードをそのまま使えるタッチ決済は今後の主流になる可能性が高い。とくに訪日外国人旅行者にとっては、手持ちのカードで完結するメリットは計り知れない。

ＪＲ東日本はタッチ決済には「我《われ》関せず」の態度を貫《つらぬ》いているが、センターサーバー式新型Ｓｕｉｃａはクレジットカードに近いシステムであり、Ｓｕｉｃａに欠けた機能を強化すればするほど、サービスはタッチ決済に近づいていく。

クレジットカード大手と直接対決になったとき、加盟店開拓などは百戦錬磨の彼らに到底太刀打ちできず、難しい舵取りを迫られることになるだろう。最悪の場合、ＪＲ東日本はユーザーのニーズに対応できない、タッチ決済の〝孤島〟にもなりかねない。

5章 「都市を快適」に、「地方を豊か」に

JR東日本が目指す「シームレスなサービス」とは

ＪＲ東日本は２０１８年の「変革２０２７」で、経営の起点を「鉄道インフラを起点としたサービス提供」から、「人が生活する上での豊かさへの新たな価値の提供」に転換すると表明し、具体的な方向性として「都市を快適に」「地方を豊かに」を実現するとした。

都市と地方の両方で重視されているのが「シームレスなサービス」だ。「都市を快適に」は「お客さまがあらゆる生活シーンで最適な手段を組み合わせて、移動・購入・決済等のサービスをシームレスに利用」、「地方を豊かに」は「地域特性に応じた安全でシームレスな生活交通ネ

ットワークの構築」を挙げている。

その担当部門が2020年5月に誕生した「MaaS・Suica推進本部」だ。まずは「MaaS」なる用語の説明をする必要があるだろう。Mobility as a Service（サービスとしての移動手段）を意味するこの言葉は、2014年に「ITS（高度道路交通システム）ヨーロッパ会議」で提唱されたことに始まる。

2016年にフィンランドのMaaS Global社が、スマートフォン上で電車、バス、タクシー、カーシェアリング、コミュニティサイクルを組み合わせた最適な経路を検索し、予約、決済を完了できるウェブサービス「Whim《ウィム》」として具現化されたことで大きな注目を集めた。

すっかり人口に膾炙《かいしゃ》した「MaaS」だが、その本来の意味が正確に理解されているとはいえない。フィンランドの首都ヘルシンキでは2050年までに30％以上の人口増加が見込まれており、政府や自治体は市街地の無秩序かつ無計画な拡大（スプロール現象）を防がなければならないという問題意識を持っていた。

スプロール現象の大きな要因は自動車中心の社会だ。効率のよいコンパクトシティの実現には、公共交通中心の生活スタイルに転換する必要があった。

「サービスとしての移動手段」という言葉は、日本人からすれば意味が取りづらい表現だが、対義語は「所有する移動手段」、つまりマイカーのことである。MaaSの本質は脱マイカー政策である。

一方、日本の大都市圏で生活する人からすれば、1枚のICカードで公共交通機関を自由に利用できることなど当たり前ではないか、と思うかもしれない。実際、東京や大阪で自動車保有率が低いのも、マイカーに頼らない生活ができるからで、これらの地域ではすでにMaaSは実現できているという考え方もある。

JR東日本がMaaSの検討に着手したのは早かった。2016年11月に「モビリティ革命の実現」を目指した「技術革新中長期ビジョン」が策定されると、目標のひとつに「二次交通との高度な連携など、MaaSを実現しスムーズにDoor to Doorの移動ができるモビリティサービスの提供」が設定された。

これを受けて、翌2017年9月に交通事業者、車両・電機メーカー、情報通信、金融、学術団体などさまざまな企業・団体で構成される「モビリティ変革コンソーシアム（MIC）」が設立され、具体的な検討に着手。翌年に策定された「変革2027」では、移動のための検索・手配・決済をワンストップで提供する「モビリティ・リンケージ・プラットフォーム」を構築し、「シームレスな移動」「総移動時間の短縮」「ストレスフリーな移動」の実現を目指すとしている。なお、モビリティ・リンケージ・プラットフォーム（MLP）とはMaaSの用語が一般化する以前の命名であり、同義と考えてよい。

この構想にもとづいて開発されたのが、2019年にリニューアルされた「JR東日本アプリ」と、2020年1月にリリースされた「Ringo Pass」だ。前者は運行情報や列車走行位置情報を提供するアプリとして2014年に誕生したが、操作性や動作性に問題があり、評価は芳《かんば》しくなかった。そこで、インターフェースを根本から作り直し、シンプルで使いやすいアプリに生まれ変わった。

Ringo Passは駅からの「ラストワンマイル」の交通手段をカバーするMaaSアプリで、登録したSuicaでシェアサイクル（ドコモ・バイクシェア）の検索・予約・決済を一括で行なえる。スイカ（Suica）に対してリンゴ（Ringo）というネーミングが印象的だ。

実証実験用アプリとの位置付けで、2020年10月にタクシーの配車・決済に対応、2021年4月にタクシー料金支払い時におけるJRE POINT利用開始、同年9月にお台場レインボーバスの運賃支払い対応開始、2022年3月に利用できるバイクシェアの追加（HELLO CYCLING）、2023年3月に電脳交通との連携による札幌市・京都市・山梨県のタクシー配車に対応するなど、段階的に機能を追加してきた。

実質的にMaaSが進んだ首都圏だけに、すでに多くのシェアサイクルやタクシーはSuica決済が可能だが、ひとつのアプリで各社のサービスを利用できるのがメリットだ。Ringo Passは小単位で実装とテストをくり返す「アジャイル開発」を採用しており、月に2回程度の本番リリースが可能だ。ユーザーやパートナー企業のニーズや評価をすぐに反映する利点があるだけに、今後のサービス拡大に注目したい。

もうひとつは地方向けの観光型MaaSアプリだ。2021年10月に稼働を開始した「Tabi-CONNECT」は、モビリティ・リンケージ・プラットフォームから地域・観光型MaaSのノウハウや機能をパッケージ化した、社外への提供も可能なプラットフォームだ。

共通システムを使用することでコストダウン、工期短縮が可能になり、「TOHOKU MaaS」「回遊軽井沢」「ひたちのくに紀行」「旅する北信濃」などさまざまな地域に展開された。観光型MaaSについては、後の項で改めて取り上げる。

では、JR東日本はMaaS（モビリティ・リンケージ・プラットフォーム）をどう定義しているのか。その一端《いったん》を示すのがコロナ前の2019年、東京電力系ウェブサイト『EMIRA』の記事だ。

MaaS担当者は取材に対し「多くの方は目的地があって、そこに向かうための移動手段として鉄道を利用し、目的地に到達した後はそこで何かしらの行動をされます。そうしたお客さまの生活全般を一つのサービスとしてカバーしていきたい」と述べ、交通手段のみならず、人の移動・生活に対しシームレス（継ぎ目なく）にサービスを提供することが到達点だった。

シームレスな移動について「変革2027」は「移動のための情報・購入・決済をお客さま

にオールインワンで提供する」と表現しているが、必ずしもひとつのサイト・アプリに集約することとは考えていないという。あくまでも目指すかたちは「あらゆる交通機関を共通したひとつのユーザビリティで利用できるようにすること」だと述べる。

２０２４年に策定された中長期ビジネス成長戦略「Beyond the Border」は、コロナ禍後の経営環境の変化をふまえ、シームレスの定義を「個客」の移動を伴う「リアルなライフ・バリュー」と、リアルと「個客」をつなぐ「デジタルなライフ・バリュー」に分類した。

鉄道利用者の減少のみならず、生活ソリューション事業もエリア・施設間やデジタルサービスとの競争が激化する。「駅に当然に人が集まる」ことを前提としたビジネスモデルは今後、成り立たなくなるため、「グローバル視点での都市開発」「活力ある地域づくり」など「『個客』の移動の目的（地）づくり」を重視しなければならない。

「Beyond the Border」は「グループ全体で『個客』の移動の目的（地）となる高いライフ・バリューを創造」する方法として、「訪れる（観光地）」「楽しむ（目的地型ショッピングセンター、エキナカなど）」「くらす（住宅、地域密着ショッピングセンター）」「働く（最先端オフィスとネットワークオフィス）」の4点を挙げている。

これらの目的（地）をつなぐのが「リアルなサービスをつなぐ各種デジタルサービスと一体化したSu·ica」であり、ＤＸによる顧客との接点強化を支える「デジタルプラットフォーム」

だ。駅空間・駅商圏におけるさまざまな体験をつなぐシームレスな移動を実現することで、東京圏では「世界から顧客を呼び込むグローバル都市開発」として、地方では「デジタルで支えられた低コストで快適なくらしと地域活性化」を目指す。

「変革2027」にも「目的地を創る」として「JR東日本グループによる目的地へのマッチング（元気な観光エリアづくり、プロモーション強化等）」が記載されていたが、「目的地」から「目的（地）」の変化は、鉄道利用における「目的地」の選択ではなく、旅行という「目的（地）」、つまり動機そのものを創らなければならないという危機感の表れといえよう。

興味深いのはSuicaの位置付けの変化だ。「変革2027」では「都市を快適に」を実現する方針として、「JR東日本グループによる『シームレスな移動』の実現」と「ビジネスプラットフォーム拡充による多様なサービスのワンストップ提供」のふたつを挙げている。

そして前者に対応する「モビリティ・リンケージ・プラットフォーム」、後者に対応する「決済プラットフォーム」の両者をあわせて「JR東日本グループのビジネスプラットフォーム」としていた。鉄道にも生活サービスにも使えるSuicaは「新しいモビリティ」「新しいライフスタイル」のあらゆる場面で利用可能な共通基盤として、さまざまな事業領域を結びつける「カギ」としての位置付けといえるだろう。

これに対して「Beyond the Border」ではモビリティ・リンケージ・プラットフォームと決

済プラットフォームの文言《もんごん》は登場せず、Ｓｕｉｃａのみが「デジタルプラットフォーム」あるいは「社会システム」に位置付けられている。Ｓｕｉｃａに期待されるサービスとして、運行・混雑情報の提供、ライドシェア、デマンド交通などＭａａＳ分野と、あらゆる金融・決済のシームレス提供、地域通貨などの決済分野が挙げられているように、プラットフォームとしての位置付けはＳｕｉｃａに統合されていく。

４章で述べたように、ＪＲ東日本のデジタルサービスは２０２７年度までにＩＤを統合する予定だ。各サービスは「Ｓｕｉｃａアプリ」に連《つら》なる機能としての位置付けになり、「移動のデバイス」から「生活のデバイス」へ進化する。

もうひとつ、Ｓｕｉｃａが生み出すのがビッグデータだ。きっぷさえ持っていれば誰でも乗れる鉄道は、もともと匿名《とくめい》性の高いサービスだった。定期券や乗車券の発行枚数、回収枚数から一定の利用傾向はつかめるが、集計には大変な手間がかかり、しかもデータの精度は粗《あら》い。

それがＩＣカードの登場で状況が変わった。磁気乗車券は区間と期限しかチェックしないので、いつどのような使われ方をしているかはわからない。これに対してＩＣカードは定期も定期外も自動改札機通過ログが集計され、膨大《ぼうだい》なデータをすぐに解析できる。

また、ＩＣカードはくり返し使えるため、ユーザーの固有ＩＤを長期的に追跡可能だ。利用者の属性データについても、当初は定期券利用者しか把握できなかったが、記名式の「ＭｙＳ u·ica」や「モバイルSu·ica」が登場したことで、定期外利用者もわかるようになった。

JR東日本のデジタルサービスはIDが統一されておらず、ビューカード、ルミネ、えきねっとなど、それぞれの会員の属性データ、購買データを横断的に活用できなかったことから、JRE POINTをテコに複数のサービスをつなぎ、将来的にはIDそのものを統合する方針であることはすでに記した通りだ。

IDがSu·icaアプリに統合されれば、JR東日本のサービスを利用するたびに、どこからどこまで移動したか、どの店舗や自動販売機で電子マネーをいくら使ったか、ビューカードを何に使ったか、JRE BANKにいくら入っていくら出ていくか、生活にまつわるありとあらゆるデータが集まってくる。

考えようによっては恐ろしい話だが、企業はポイント還元など顧客の利益を提示することで、データの利用を許諾させている。サービスによって還元率は異なるが、2023年度の鉄道運輸収入に平均1％のポイントが付いていると仮定すると、約167億円の原資がかかっている。逆にいえば、「そこまでしても欲しいデータ」なのである。

そんなにデータばかり集めても意味があるのかと思ってしまうが、「データマーケティング」はビジネス上、非常に重要なツールだ。たとえば、パン屋を新規開業するとき、朝食にパンを食べる頻度《ひんど》の高い家のリストがあれば、絞りこんだターゲットに朝食向けの商品をおススメするダイレクトメールを送ることができる。駅前で手あたり次第にビラを撒《ま》くより、はるかに手間が少なく効果的だということが想像できるだろう。

「Beyond the Border」は、「データマーケティングによるビジネス圏の拡大」を「進化したSu・icaに集まるビッグデータを最大限活用し、ＪＲ東日本の強みであるモビリティの移動データをさまざまなリアル・デジタルのサービスと結びつけ、たとえば、お客さまの趣味嗜好《しこう》や健康状態に沿ったサービスや情報を適切なタイミングでお届けするOne to Oneのデジタルコミュニケーションを行なうことで、マーケットインのビジネスを進めていきます」と説明する。

鉄道利用に関するSu・icaビッグデータは、すでにさまざまなかたちで利用されている。首都圏約６００駅のSu・ica統計情報をまとめた分析レポート「駅カルテ」の販売を２０２２年５月から開始。利用者の傾向から各駅を「住宅」「オフィス・工場」「商業」「観光」「学園」でタイプ分けしたり、時間帯別・性別・年代別の利用者数、その駅と行き来が多い上位20駅のリスト、地図表示などをわかりやすく提供する。

まちづくりや地域社会活性化の資料として自治体へ販売するほか、駅の利用実態にあわせた人員配置など業務改善、エキナカ・駅周辺店舗のマーケティング、ＪＲ東日本グループの新規事業の検討にも活用されている。

回転型ビジネスモデルで加速するまちづくり

それでは「リアルなライフ・バリュー」の要《かなめ》となる「目的（地）」を、どのように創っていくのだろうか。「Beyond the Border」は東京圏と地方に分けて方針を立てているので、まずは東京圏から見ていこう。

東京圏のテーマは「魅力的なまちづくりによる収益強化」だ。成長が継続する東京圏のネットワーク結節点《けっせってん》へ戦略的投資を行なうことで、ターミナル直結のグローバルにヒトが集まる先進都市を開発する。人が集まるということは移動需要が生じるので、モビリティの収益を強化する効果も見込める。

この方針のもと、不動産開発による「アセット（資産）戦略」と、ホテル・ショッピングセンター・エキナカ・オフィスなどの「リテールビジネス」を、「デジタルプラットフォーム」で結ぶことで、「移動の目的（地）づくり」を進めようというのが「Tokyo Metropolis Project」だ。

戦略的投資対象として、羽田空港・リニア新幹線・地下鉄延伸など交通網の更新にあわせてゲートウェイ化の進む「品川」、ターミナルビル建て替え工事が進む「新宿」、時代をリードする国際的ビジネス街区「東京」の「山手線内の3重点エリア」。また、拡大する東京圏の「分散拠点」として、都心30㎞圏の大宮・千葉・横浜が挙げられている。

「Tokyo Metropolis Project」の初出は、コロナ禍を受けて2020年9月に発表した「変革のスピードアップ」だ。「アーバニゼーション（都心部への人口集中）の進行とグローバル都市間競争の時代において、多層で複合的な東京の魅力・価値を向上・発信する街づくりを推進」するとして、東京、池袋、新宿、品川、横浜、大宮をリストアップしており、この方針が「Beyond the Border」に引き継がれた。

注目したいのは「東京南エリア」なるキーワードだ。これは「変革2027」などの経営構想・事業計画には登場しないが、JR東日本によれば「浜松町・田町・高輪ゲートウェイ・品川・大井町のエリア全体」を指すという。「連続する5駅のつながりを強く意識したまちづくりで、エリア周辺の都市の強靭《きょうじん》化・価値向上」を図る。

統一的なテーマやコンセプト、開発計画の連携を具体的に定めているわけではないが、一帯では2030年頃に向けて大規模再開発がめじろ押しだ。

浜松町ではJR東日本がかかわるプロジェクトとして、西口で世界貿易センタービルディングと東京モノレール浜松町駅舎の建て替えを中心とした「浜松町駅西口開発計画（2027年以降順次開業）」、南口では野村不動産と共同の「BLUE FRONT SHIBAURA（芝浦プロジェクト)」が進んでいる。

芝浦プロジェクトは、野村不動産が保有する浜松町ビルディングと周辺の4・7haを再開発するもので、ラグジュアリーホテル・オフィスが入る「S棟」と、高級住宅・オフィスが入る「N棟」のツインタワーとなり、共通の低層部には商業施設、子育て支援施設が設置される。

これらの開発が本格化するなか、浜松町駅の歩行者ネットワーク構築や交通結節点の機能強化が進められており、浜松町駅中央改札からフラットにつながる「中央広場」と、JR・モノレールとバスターミナル、タクシープール、地下鉄を上下につなぐ吹き抜け空間「ステーションコア」が2030年度までに整備される予定だ。また、駅北口と南口に自由通路を新設、南口から旧芝離宮恩賜庭園に沿って歩行者専用道路を整備し、芝浦プロジェクトと接続する。

田町駅周辺では近年、「msb Tamachiステーションタワー」「東京三田ガーデンタワー」「田町タワー」など再開発が活発に進んでいる。JR東日本は森永乳業、三井不動産と共同で、2028年度までに駅隣接の森永プラザビルの建て替えと駅前広場の整備、バリアフリー化、交通結節機能の強化を進める。

東京南エリアで最初に開業したのが、2020年の「WATERS takeshiba」だ。浜離宮恩賜庭園を望む2・3haの土地にはもともと、「JR東日本四季劇場［春］・［秋］」「自由劇場」「シーサイドホテル芝弥生」、業務施設や社宅が並んでいたが、「竹芝ウォーターフロント」として一括して再開発に着手した。

ホテル、オフィス、商業施設が入る地上26階の高層棟、劇団四季の運営する劇場棟、駐車場棟と、豊かな自然環境を活《い》かした広場とテラスを整備。「観劇後の高揚感に浸《ひた》る、風を感じながら仕事する、景色を眺《なが》めながら食事をとる、旅の合間の何もしない時間を楽しむなど、多様なアクティビティや文化が生まれる空間」を目指した。

リニア中央新幹線と地下鉄南北線の乗り入れ工事が進む品川周辺では、京急電鉄と連動した大規模再開発が進行中だ。品川駅のホームはＪＲが地平、京急が高架のため、東西自由通路や乗り換え改札に段差が生じている。そこで、京急品川駅を地上に移設し、回遊性と乗り換え利便性、駅機能を向上させる計画だ。

優先整備地区は「品川駅北周辺地区」「品川駅西口地区」「芝浦水再生センター地区」「品川駅街区地区」の4地区で、「品川駅北周辺地区」は高輪ゲートウェイシティが該当する。ただ6つの街区で構成される高輪ゲートウェイシティは、1街区から4街区を第1期として開発しているが、品川駅寄りの5街区、6街区の開発計画は未定だ。

「品川駅街区地区」では、約1・5haの「北街区」はＪＲ東日本、約1・9haの「南地区」は京急が事業主体となり、オフィスやホテル、駅施設が入る地上28階の超高層ビル2棟と地上9階のビルを、2036年度までに段階的に整備する。

「品川駅西口地区」は、駅前の「SHINAGAWA GOOS（旧・ホテルパシフィック東京）」跡地と隣接地を、京急とトヨタ自動車、西武グループが共同で開発する。国際交流拠点としてのニーズに対応して、オフィス・商業・ホテル・MICE（コンベンション、カンファレンス機能）を整備する計画だ。

ＪＲ・東急・りんかい線が交差するターミナル大井町では、駅と車両基地に隣接する「大井町駅周辺広町地区」の再開発が行なわれている。ここはもともとＪＲ東日本の大規模社宅があったが、品川区などが保有する周辺の土地とあわせて約７haの区画整理を行ない、うち約３haの開発をＪＲ東日本が担当した。

オフィス棟と賃貸住宅・ホテル棟の２棟の高層ビルと、商業施設を併設した広場を整備。歩行者ネットワークと複数の広場からなるパブリックスペースと、これに接続する改札口や出口を新設し、バスやタクシーなどが利用可能な交通広場も整備する。車両基地に隣接するロケーションを活かし、留置車両を一望できるデッキが整備されるのもユニークだ。

ＪＲ東日本は２０２３年度から２０２７年度の５年間で、成長投資として生活ソリューション事業に約１兆２０００億円を投じる計画だ。内訳は示されていないが、不動産事業への投資は１兆円に迫《せま》る規模だろう。

長らく「非鉄道事業４割」が果たされないことから、生活サービス事業の展開が遅れていると認識されがちなＪＲ東日本だが、鉄道の規模が大きいだけの話で、鉄道事業者の不動産事業としてはすでに最大規模を誇る。２０２３年度の不動産セグメント営業収益は、阪急阪神ホールディングスの約３１８２億円、東急の約２８６５億円という東西私鉄の雄に対し、ＪＲ東日本は両社を大きく上回る約４０５８億円だ。

不動産事業・まちづくりのさらなる成長に向けて、ＪＲ東日本は２０２３年２月に東急不動産ホールディングスと包括的業務提携契約を締結し、ＪＲ東日本グループが保有する土地資産と東急不動産ホールディングスが持つ不動産の開発、管理、売買など、デベロッパーとしてのノウハウとを掛け合わせた住宅事業開発や、多様な生活シーンを融合させた多機能複合型のまちづくりを推進すると発表した。

おおむね５年程度で１０００億円規模の事業収益を目指すとしており、第１号開発案件として、千葉県船橋市の社宅跡地４・５haに住宅、商業施設、再生エネルギー発電施設、コミュニティ施設などを整備する「船橋市場町プロジェクト」を予定する。

ただし、今後の不動産開発は、これまでのようにはいかなくなる。ＪＲ東日本の固定資産には２兆円以上の土地が含まれるが、そのほとんどが国鉄から継承した鉄道事業用地である。市場価値の高い遊休地は国鉄清算事業団を通じて処分されたため、開発は既存施設の建て替えや再編で生み出したスペースを中心に進めざるを得なかった。

ＪＲ東日本は資産効率の向上を重視し、社宅や業務用地を転用した再開発を進めてきたが、高輪ゲートウェイシティは例外中の例外だ。主要ターミナルの再開発も一巡しつつあることから、駅の魅力向上を目的とした「駅づくり」から「駅を中心としたまちづくり」にシフト。駅周辺部のオフィス・商業・ホテル・住宅などの「マチナカ」の不動産取得・開発を推進する方針に転換した。

２０２２年3月に行なわれた「ＩＲ ＤＡＹ」では、投資家から外部物件の取得とバリューアップにおける優位性は何かと問われ、「駅の再開発とあわせることで取得物件のバリューアップをできることが当社の強み」として、「駅もあわせたトータルでの街づくりを行なうことで、街全体の価値向上を実現させ、資産効率をさらに上げていく」と述べている。

その中心となるのが、２０２４年7月に設立された「ＪＲ東日本不動産株式会社」と、２０２１年4月に設立された不動産アセットマネジメント会社「ＪＲ東日本不動産投資顧問株式会社」だ。

これまでの不動産事業は物件を長期保有し、賃料収入で投資資金を回収する「長期保有型ビジネスモデル」が主流だったが、近年は資金効率向上のため、開発した物件を証券化してファンドに売却し、売却益を成長分野へ再投資する「回転型ビジネスモデル」が注目されている。

そこでＪＲ東日本は、グループの社有地開発やマチナカの不動産の取得・開発を行なうＪＲ東日本不動産と、みずほフィナンシャルグループの協力で設立したＪＲ東日本不動産投資顧問の組み合わせで、不動産事業の領域拡大と新たな収益獲得を図る。

ただし、ふたつのビジネスモデルは二者択一ではない。前掲「ＩＲ ＤＡＹ」で担当者は「駅と一体となった開発は今後も長期保有型」で進め、「駅周辺の開発物件は長期保有型と回転型を組み合わせていく」との方針を示している。

不動産アセットマネジメント事業のさらなる拡大に向けて、開発後の売却ではなく、開発資金を調達する「開発型ファンド」も組成《そせい》された。第1号として、ＪＲ東日本の社宅をファンドに売却し、ＪＲ東日本不動産投資顧問が子育て世代向け賃貸レジデンス「クラシアム大井町」にリノベーションする。同ファンド組成後の資産運用規模は累計約２４８０億円で、２０２７年度までに４０００億円の達成を目指す。

都市の成長と地域経済の活性の両立は可能か？

今後も成長が継続する東京圏に対し、厳しさを増していくのが地方だ。東北地方の人口減少は全国と比較して15年程度早く進んでおり、２０４０年代には生産年齢人口と老年人口が逆転する地域が増加すると見込まれている。

とくに深刻なのが、若年層を中心とした都市部への人口流出だ。総務省の統計によると定住人口1人あたりの年間消費量は100万円以上であり、10万人減少すれば1000億円の消費が失われ、逆に都市では増加する。つまり、東京圏の成長と地方の衰退は表裏一体の関係にあるのだが、どちらも営業エリアに持つJR東日本は、都市の成長と地方活性化を両立させねばならない。

都市と地方を結ぶ象徴が新幹線だ。JR東日本は新幹線を中心とした鉄道ネットワークでヒトをつなぎ、観光振興と地域活性化を進めている。

そんな新幹線に新たに構築されたモノのネットワークが、荷物輸送サービス「はこビュン」だ。新幹線の空きスペースで荷物を運ぶ試みは、コロナ禍における新幹線の有効活用として注目を集めたが、じつはJR東日本はコロナ禍以前から荷物輸送の検証に着手していた。

きっかけは2017年7月に東京駅で行なわれた「朝採《あさど》れ新幹線マルシェ」だ。その日の朝に新潟、山形、郡山、那須塩原、長野で収穫した野菜や果物を新幹線で運んで東京駅で売るイベントを開催したところ、荷主・消費者ともに好評だったことから、新幹線荷物輸送の可能性を模索し始めた。

駅構内催事《さいじ》や店舗と連携して、各地から活魚《かつぎょ》・鮮魚、青果、駅弁、日本酒などを輸送するトライアルを2020年末までに20回以上実施。新函館北斗駅から東京駅を経由し、鮮魚の市中飲食店への定期輸送を２０２１年４月に開始した。同年10月にサービス名を「はこビュン」と定め、本格展開した。

はこビュンは原則として始発駅から終着駅まで、３辺の合計が１２０㎝サイズの40箱程度を使用していない車内販売準備室に搭載する。また、グループ会社の「ジェイアール東日本物流」が、集荷先から出発駅までトラックで荷物を運ぶ「ファーストワンマイル」、到着駅から倉庫や店舗などに荷物を届ける「ラストワンマイル」サービスを担《にな》っており、新幹線だけでなく、前後の区間を含む一貫的な輸送が可能だ。

さらに、40箱以上のニーズに対応するため、約６００箱を客室内に搭載する「多量輸送トライアル」を２０２３年６月に実施。２０２４年７月・９月にも新青森～東京間で３００箱程度のトライアルを実施し、２０２５年度中の事業化に向けて検証を加速している。

ただし、あくまでも荷物輸送の真価は量ではなく質だ。「多量輸送」とはいえ、大型トラック１台で輸送可能な規模に過ぎず、輸送力の代替はできない。しかし、秋田～東京間を輸送する場合、トラック輸送では最速９時間だが、新幹線は４時間以内で到着するため、朝９時半に出発して13時半に到着。15時から販売できる。

とくにニーズが高いのは生鮮品で、なかでも高価格帯の果物の取り扱いが増えている。イチゴやサクランボなど振動や温度変化に弱く傷つきやすいものは、トラックに比べ揺れの少ない新幹線での輸送が向いている。このように多少、費用はかかっても付加価値を生める単価の高い品目がターゲットだ。

地域活性化には生鮮品輸送だけでなく、地域の「ものづくり」支援が必要だ。JR東日本は2009年に「地域再発見プロジェクト」を立ち上げ、生産者が新鮮な野菜や果物を販売する期間限定の「マルシェ」の開催や、地域の銘菓・地酒・加工品を販売する上野・秋葉原・東京駅の常設店舗「のもの」など、地域と首都圏の結びつきを深めてきた。

また、いわゆる「6次産業化」として、魅力ある地域素材の発掘と生産（1次産業）、域内経済活性化のため地域の素材を域内で加工・製造できる加工事業への参画（2次産業）、そして首都圏における販路拡大、物流機能の強化（3次産業）を一体的に行なうことで、持続可能なサプライチェーンの構築と、地域経済の持続的な活性化を推進している。

生鮮品以外にも、新幹線輸送はさまざまな可能性を秘めている。JR東日本が想定していなかったニーズのひとつが、医療用の検体の輸送だ。地方の病院から設備の整った東京の検査機関に「はこビュン」の最終便で検体を送れば、24時前には確実に東京に到着し、翌日午前中には検査結果が出るため、医療関係者から高評価を受けているという。また、施設や工場などで機器が故障し、急遽《きゆうきよ》部品を調達する場合に使われるニーズもあるという。

首都圏と地方を結ぶヒトのネットワークの第一が、観光客を中心とする「交流人口」だ。旅行商品や各種フリーきっぷの販促に加え、東北・甲信越エリアの魅力的な地域資源を活かすため、「シームレスでストレスフリーな移動」と「多様なサービスのワンストップ化」をテーマに、地域の事業者や自治体と連携しながらMaaSサービスを各地で拡大中だ。

地域・観光型MaaSのプラットフォーム「Tabi-CONNECT」は、アカウント管理、旅行プランニングサービス、各種交通・観光チケットの販売、バス・レンタカーの予約、決済などの機能を標準化。MaaS施策ごとにオプション追加やカスタマイズできる仕組みにしたことで、サービス構築を効率化し、安価かつ短期間で提供できるようになった。

そして近年、交流人口とともに重視されているのが「関係人口」だ。その地域に住む居住人口、観光で訪れる交流人口に対し、その中間である地域に多様なかたちで継続的にかかわるのが関係人口と定義される。

地方の自治体は定住人口の増加を目指して移住促進策に注力しているが、実際に移住に踏み切れる人は限られており、小さなパイを地域間で奪い合うかたちになる。また、苦労して移住者を確保しても、それだけで減少した労働力と消費を補《おぎな》うことは不可能だ。

そこで、移住はしないまでも、愛着のある地域に定期的にかかわる交流人口を増やすことで、担い手不足の解消や消費の拡大につなげようという考え方が広がっている。

旅行者と地域のつながりを強化するには、旅行者がその土地に何度も足を運びたくなるような仕掛けが必要だ。たとえば、ワイナリーでブドウの植樹や収穫などの体験をすれば、ワインになるまでの過程を見るために何度も訪れるきっかけになる。こうした新たな旅行スタイルを、ＪＲ東日本ユーザーの購買記録、利用履歴などをもとに、One to One マーケティングで提案し、地域活性化につなげていくことが期待されている。

もうひとつ、地域経済活性化の起爆剤として期待されるのがインバウンドだ。コロナ禍真っただ中の２０２０年５月にわずか１６６３人まで落ちこんだ訪日外国人旅行者は、２０２４年３月には約３０８万人まで回復。このままのペースでいけば、２０１９年の約３１８８万人を上回り、２０２４年は過去最多の４０００万人台まで見えてきた。

２０２３年のインバウンド消費は約６兆円と推計され、日本のＧＤＰの１％以上を占《し》めている。２０３０年には６０００万人を超えると予測されており、ますます重要性は高まっていく。ＪＲ東日本の２０２３年度のインバウンド収入は、モビリティが３８５億円、生活ソリューションが３６０億円と推定されており、これを２０２７年度には、モビリティを７００億円、生活ソリューションを６００億円まで拡大させる目標だ。

しかし、東北はインバウンド開拓が進んでいないのが実情だ。観光庁の「訪日外国人消費動向調査」によれば、国・地域ごとの都道府県別訪問数を見たとき、東北６県でもっとも高い順位は、台湾が宮城16位、香港が宮城22位、中国、韓国が宮城25位、アメリカが青森18位だった。

都道府県別宿泊者数で見ると、全体の6割が東京・京都・大阪に宿泊しており、東北地方はわずか2％に過ぎない。東北6県の宿泊者を国・地域ごとに見ると、いずれの県も台湾がもっとも多く、青森、秋田、山形は3分の1以上、岩手、宮城、福島はおおむね半分を占める。

東北に限らず、国・地域ごとの訪問先の傾向は大きく異なり、九州は韓国、中国地方・四国は香港、東京から富士山を経由して京都、大阪を巡る「ゴールデンルート」沿いは中国が高い傾向にある。一方、台湾は全国をまんべんなく訪れる傾向にあるため、東北までカバーしているのだが、上述のように訪問先としての人気があるとは言い難い。今後、ターゲットをどこに定めて開拓していくのかは悩ましい問題だ。

インバウンド向け企画乗車券では、日本全国を対象としたJR線乗り放題きっぷ「Japan Rail Pass」までは必要としない旅行者向けに、東北エリア、信越エリア、東北・道南エリアのリージョナルパスを設定しており、こうしたインバウンド向け商品の価格戦略やPRを強化したいとしている。

また、窓口や券売機に立ち寄ることなく、入国前のアプリ操作のみでSu・ica発行やクレジットカードからのチャージなどができるiPhone向けアプリ「Welcome Suica Mobile」を、2025年春にリリース予定。2026年春には予約サイト「JR-EAST Train Reservation」と連携し、新幹線や在来線の指定席を入国前に購入し、チケットレスで利用できるようにする予定だ。

赤字ローカル線の存廃問題にどう向き合うか?

鉄道が大量輸送機関として成り立つ目安は輸送密度4000人とされる。1980年に制定された国鉄再建法では、輸送密度4000人未満の83線区3157㎞を「特定地方交通線」に指定し、うち45路線を廃止、38路線を地元自治体が出資する第3セクター等に経営移管した。

しかし国鉄民営化を生き抜いたローカル線も、いよいよ窮地《きゅうち》に陥《おちい》っている。JR東日本は2022年以降、輸送密度2000未満の線区の収支を公表し、沿線自治体・住民に対して「持続可能な交通体系について建設的な議論」を開始したいと表明している。

コロナ前(2019年度)のデータであっても、輸送密度2000人未満だった35路線66区間は、JR東日本の在来線総延長約6224㎞の3分の1を超える2218㎞、赤字の総額は約693億円に達している。同年度の在来線運輸収入が計1兆2272億円なのに対し、66線区は計約59億円なので0・5%しか稼げていない計算だ。

66線区の内訳は、輸送密度500人未満が27線区、500人以上1000人未満が21線区、1000人以上2000人未満が18線区だった。民営化初年度の1987年度比で59線区が5

割以上、うち14線区は8割以上減少した。

１００円を稼ぐのに必要な経費を示す「営業係数」で見ると、最大が久留里《くるり》線（久留里～上総亀山間）の１５５４６で、花輪《はなわ》線（荒屋新町～鹿角《かづの》花輪間）が１０１９６、陸羽東線（鳴子温泉～最上《もがみ》間）が８７６０だった。全体では１０００を超える線区が52線区、そのうち２０００を超える線区が22あった。

ただし、営業係数は比率なので、実際の赤字額は利用が多い路線ほど大きい。上位3線区は羽越《うえつ》本線村上～鶴岡間の49億円、奥羽本線東能代～大館《おおだて》間の32億円、羽越本線酒田～羽後本荘《ほんじょう》間の27億円だが、羽越本線と奥羽本線は在来線特急や貨物列車が走る重要幹線であり、廃止という選択肢はない。世間がイメージする「赤字ローカル線」だけではないのが、この問題の難しさを物語っている。

JR発足から30余年を経て、ローカル線の利用が大幅に減少した要因のひとつは人口減少だ。人口増減には自然増減と社会増減がある。出生率の低下による自然減も問題だが、東北では首都圏への転出による社会減が深刻だ。東北全体で見ると中心都市である仙台市への転出が多いが、宮城県から首都圏への転出がこれを上回る。とくに女性の転出が多いのが特徴で、その理由に「やりたい仕事が見つからない」「年収が少ない」「若者が楽しめる場所が少ない」などが挙げられている。

JR東日本、収支と輸送密度のワースト5

収支（赤字額）ワースト5

線名	区間	営業キロ	運輸収入(百万円)	営業費用(百万円)	収支(百万円)	営業係数	輸送密度		
							1987年度	2022年度	増減
羽越本線	村上～鶴岡	80.0	453	5,400	-4,946	1,191	5,690	1,171	-79%
上越線	水上～越後湯沢	35.1	118	2,038	-1,920	1,718	3,267	976	-70%
津軽線	月林～中小国	31.4	66	1,842	-1,776	2,787	10,813	516	-95%
奥羽本線	新庄～湯沢	61.8	56	1,619	-1,563	2,869	4,047	262	-94%
小海線	小淵沢～小海	48.3	86	1,556	-1,470	1,801	1,038	359	-65%

輸送密度ワースト5

線名	区間	営業キロ	運輸収入(百万円)	営業費用(百万円)	収支(百万円)	営業係数	輸送密度		
							1987年度	2022年度	増減
気仙沼線	前谷地～柳津	17.5	7	226	-218	2,995	1,357	200	-85%
磐越東線	いわき～小野新町	40.1	22	748	-726	3,283	1,036	203	-80%
山田線	盛岡～上米内	9.9	11	202	-191	1,812	844	217	-74%
奥羽本線	新庄～湯沢	61.8	56	1,619	-1,563	2,869	4,047	262	-94%
吾妻線	長野原草津口～大前	13.3	17	480	-463	2,759	791	263	-67%

出典：JR東日本ウェブサイト「線区別収支」

　１９８５年と比較した２０２０年国勢調査の年代別人口の減少率は、15歳未満は関東が35%減、関東を除く全国平均が46%減、東北が55%減、15～29歳は関東が22%減、関東を除く全国平均が34%減、東北が42%減、30～64歳は関東が14%増、関東を除く全国平均が12%減、東北が20%減、65歳以上は関東が２３６%増、関東を除く全国平均が１５１%増、東北が１３４%増となっており、東北は若年層の減少率がとくに高い。

　ローカル線の主要顧客は高校生だ。ＪＲ東日本は路線別の通学定期利用率を公表していないが、東北の旧国鉄線を引き継いだ三陸鉄道、阿《あ》武隈《ぶくま》急行、会津鉄道、秋田内陸縦貫鉄道、由利高原鉄道、山形鉄道では、輸送人員に占める通学定期の割合は６社平均で33%だ。

定期外利用に影響を及ぼしたと考えられるのが高速道路の整備だ。東北地方では、１９８７年4月時点の開通済みの高速道路は東北自動車道（浦和～青森間）だけだったが、その後の35年間で主要都市を結ぶ高規格道路が次々に開通した。自動車も30年で飛躍的に増加。一般社団法人自動車検査登録情報協会の統計によると、東北6県の自動車保有台数は１９８８年から２０１８年で2倍以上増加している。

さらに、ローカル線を悩ませるのは自然災害だ。ローカル線は設備が古いうえ、山間部を幾《いく》度《ど》も河川を渡りながら縫《ぬ》うように進むため、土砂災害、河川氾濫《はんらん》の影響を受けやすい。自然災害の激甚《げきじん》化、頻発《ひんぱつ》化により、復旧してもすぐに違う箇所が被災するということのくり返しだ。

２０２２年8月3日から4日にかけて東北地方を襲った豪雨では、津軽線蟹田《かにた》～三厩《みんまや》間で路盤が流出。復旧費用は少なくとも6億円と見込まれたが、輸送密度１００人程度の区間だけに、ＪＲ東日本は復旧に難色を示した。２０２４年に入り、沿線自治体がバス転換を受け入れる方針で一致したことから、このまま廃止となる公算が大だ。

また、奥羽本線下川沿《しもかわぞい》～大館間で路盤流出、磐越西線喜多方～山都《やまと》間で橋梁《きょうりょう》が倒壊。復旧に奥羽本線は1年、磐越西線は8か月を要した。橋梁が崩落した米坂線羽前椿《うぜんつばき》～手ノ子《てのこ》間は復旧に86億円、工期5年を要すると見られており、ＪＲ東日本は「当社単独の復旧は困難」と表明した。この区間も輸送密度は３００人程度で、仮に復旧しても持続的な運行は難しいことから、廃止・バス転換も含めた協議が続いている。

悲劇は続く。同年8月13日から14日も台風8号の影響で豪雨となり、奥羽本線、五能線、花輪線が被災した。橋梁が損傷した五能線鰺ケ沢《あじがさわ》～岩館《いわだて》間は復旧に1年、路盤が流出した花輪線鹿角花輪～大館間は9か月を要した。

そうなると自然と浮上するのが、多額の費用をかけてまで復旧すべきか、という議論だ。路線上のいずれか1か所でも寸断されれば運転できなくなる鉄道より、復旧が容易で、迂回して運行が可能なバスのほうが災害に強く、費用も安い。

一方、廃線の議論を覆《くつがえ》したのが、2011年7月の新潟・福島豪雨で会津川口～只見《ただみ》間が被災した只見線である。同区間は被害が大きく、JR東日本はバス転換を求めたが、福島県が存続を要望。県が線路や駅舎などを保有してJRに貸し付ける上下分離方式での復旧が決定し、2022年10月に運転を再開した。約80億円の復旧費用は国と地元とJRが3分の1ずつ負担し、復旧後の維持管理費年間約3億円を県と沿線自治体が全額負担することとなる。

コロナ後、各地で噴出《ふんしゅつ》するローカル線問題に対して、国土交通省は2023年に改正地域公共交通活性化再生法を施行。ローカル鉄道の再構築に関する仕組みとして、地方公共団体または鉄道事業者からの要請にもとづき、国土交通大臣が「再構築協議会」を設置して議論し、「再構築方針」を作成する制度を創設した。

協議会は「鉄道を運行する公共政策的意義が認められる線区」か「BRT（バス高速輸送システム）やバス等によって公共政策的意義が実現できる線区」かを評価し、鉄道を存続させる場合は運賃の適性化や上下分離などの公的支援を行ないつつ、必要な投資を行なって競争力を回復させるとした。

BRT・バスへの転換については、鉄道事業者の関与のもと、鉄道と同等の運賃水準、通し運賃を設定するとともに、時刻表等に鉄道路線に準じるかたちで掲載される「特定BRT」制度を新設し、鉄道と同等かそれ以上の利便性を確保するとした。

とはいえ、これまでのバス転換は、鉄道路線をそのままなぞるように設定されたため、地域のニーズに対応できず、やがて縮小・廃止されていった。結局、問題は鉄道かバスかではなく、まちづくりを自動車中心から公共交通に転換できるかにある。

6章 JR東日本が挑む未来戦略

「究極の安全」に向けた終わりなき取り組み

安全は輸送業務の最大の使命である。鉄道主軸の経営からシフトしようとしているJR東日本だが、「安全」が経営のトッププライオリティであることに変わりはない。鉄道事業者のグループ企業が社名を冠《かん》した事業を沿線外で展開するのは、鉄道会社の安心感がブランドになるからだ。「すべての人の心豊かな生活」を目指すJR東日本にとっても、利用者や地域からの「信頼」なくして、すべての事業の持続的な成長はあり得ない。

JR東日本の37年の歴史は、安全追求の歴史でもあった。民営化直後の同社に衝撃を与えたのが、1988年12月に中央線（各駅停車）東中野駅で発生した列車衝突事故だ。駅構内で停止中の電車に後続電車が時速約30㎞で追突して3両が脱線、運転士1人と乗客1人が死亡、116人が負傷した。

鉄道車両は衝突を防止するATS（自動列車停止装置）を搭載しているが、当時の装置は国鉄時代に開発された旧式で、機能が不十分だった。同年9月の取締役会で新型「ATS－P」の導入を決定したばかりだったが、事故を受けて首都圏各路線への整備を急ぐことになり、1989年から5か年で4000億円の安全対策を進めた。

もうひとつ、黎明《れいめい》期のJR東日本に大きな衝撃を与えたのが、1992年9月に成田線久住《くずみ》～滑河《なめがわ》駅間の大菅踏切で発生した踏切事故だ。この事故では過積載のダンプカーが止まり切れずに踏切に進入し、普通列車と衝突。運転士が殉職《じゅんしょく》したことで、既存車両の前面補強や新型車両の設計変更が行なわれた。

2000年代以降は自然災害の脅威に翻弄《ほんろう》された。2004年10月に発生した新潟県中越地震では上越新幹線「とき325号」が脱線。奇跡的に負傷者はいなかったが、走行中の新幹線が脱線したのは初めてのことだった。

解析の結果、強烈な地震動に突き上げられて脱線したが、脱線後も車両がレールにひっかかり、停止するまで車両の姿勢が保持されたことが幸いした。この教訓をふまえ、車両への逸脱《いつだつ》防止ガイド設置、高架橋など構造物の耐震性強化、地震を早期に検知して停止信号を発信する「新幹線早期地震検知システム」の強化を進めた。

翌2005年12月には、羽越本線砂越《さごし》～北余目《きたあまるめ》間を走行中の「いなほ14号」が風速40m近い突風で脱線転覆し、乗客5人が死亡、32人が負傷した。風速計にもとづき風速25m以上の場合に運転規制を行なっていたが、局地的な突風を探知できなかったため、2007年にドップラー効果を用いて突風を探知するドップラーレーダーを設置。気象庁気象研究所と共同研究開発を経て、2016年11月により高性能な新型レーダーの運用を開始した。

しかし、自然災害対策に終わりはない。2011年3月の東北地方太平洋沖地震（東日本大震災）による地震・津波被害、北陸新幹線長野車両基地が水没した2019年10月の令和元年東日本台風、2021年3月・2022年3月の福島県沖地震、2022年の東北豪雨被害など、相次ぐ災害は経営上の重大なリスクとなっている。

JR東日本は現在、2023年に策定した「グループ安全計画2028」のもと、5年総額約1兆3000億円の安全投資を進めている。安全・安定輸送対策は多岐《たき》にわたるが、大きく設備の維持更新、地震・風水害など自然災害対策、駅ホーム・踏切の安全対策、輸送障害対策にまとめられる。

広大な営業エリアを持つJR東日本にとって、設備の維持更新は重大な課題だ。同社が保有・

管理する鉄道土木構造物だけでも、橋梁《きょうりょう》約1万5000か所、トンネル約1200か所、高架橋は約678㎞に及ぶ。地方ローカル線は戦前に建造されたものが多く、橋梁は平均61年、トンネルは平均69年と老朽化が進む。今後は少子高齢化の影響で要員確保が困難になるため、点検・保守作業の効率化・負担軽減が必要だ。

とくに開業から40年以上が経過した東北・上越新幹線は、今後10年間でレール交換が約400㎞、架線交換が約800㎞など設備更新が本格化し、2031年以降は橋梁やトンネルの大規模改修も予定されている。これら工事の効率化、コストダウンのため、2021年に実物大の新幹線模擬設備を設置し、機械化などの技術開発を進めている。

災害対策で注目されるのが集中豪雨対策だ。防災強化として新幹線、在来線の盛り土や斜面の崩壊や土砂流入、落石を防ぐ補強作業や、橋梁倒壊の原因となる橋脚の洗掘《せんくつ》（河川の浸食《しんしょく》作用で土砂が洗い流される現象）対策を推進している。

風水害において構造物の被害を抑えること以上に重要なのが、いち早く運転を取りやめる判断だ。基準が低すぎれば頻繁に運転を見合わせることになり、交通機関としての役割を果たせないが、判断を間違えれば重大事故を引き起こす。適切な判断には気象の状況を迅速《じんそく》かつ正確に把握する必要がある。

従来の列車運行は、沿線に設置された「特定地点」の雨量計による実測雨量を基準に判断していた。しかし近年の降雨災害は局地的かつ短時間で発生するため、気象レーダーの解析雨量を用いた「線路沿線全体」の降雨状況を併用して判断している。

また、令和元年東日本台風の教訓として、ハザードマップをもとに浸水リスクがある車両基地に「車両疎開判断システム」を導入し、雨量や河川水位などから浸水が予想される場合、車両を高架線上などに迅速に避難できる体制を構築した。

駅の安全性向上の切り札となるのがホームドアだ。JR東日本は2008年に山手線へのホームドア整備方針を発表し、2010年の恵比寿駅・目黒駅への設置以降、山手線と京浜東北線から順次ホームドアを整備してきた。その後、東京圏在来線の主要路線全330駅に2031年度までにホームドアを整備する方針を2018年に発表。2023年度末までに117駅で整備が完了し、2024年度は12駅に整備する予定だ。ホームドアの整備費用は2021〜2025年度の5年間で1586億円、1駅（上下ふたつの番線）あたり、約14億円になる。

気がかりは安全投資が進む一方、ここ1年で大きなトラブルがあいついでいることだ。2023年8月に東海道線大船駅構内で上り列車が腐食《ふしょく》して傾いた電化柱と接触する事故が発生。2024年1月には東北新幹線上野〜大宮間の架線が切断して列車が立ち往生、復旧工事中に作業員が感電し負傷する二次災害まで発生したことで、一部区間は終日運転を見合わせた。2月には横須賀線新橋〜品川間のトンネル内で総重量113kgのコンクリート片が線路に落下。

始発から10時間にわたって運転を見合わせるなど、設備の老朽化が懸念《けねん》されている。

3月には東北新幹線郡山駅で「つばさ121号」の車輪が滑走《かっそう》し、ホームで停車しきれずに500mオーバーラン。4月には東北新幹線福島駅付近で、作業用車からエンジンオイルが漏《も》れて線路に付着した影響で、始発から5時間半にかけて運転を見合わせた。

過去10年間、JR東日本の輸送障害（運休または30分以上の遅延）発生件数は、2012年度の1454件から2022年度は1948件まで増加しており、遅延に遭遇する頻度《ひんど》が増えたという肌感覚は正しい。ただ、風雨・雪害・地震など災害に起因《きいん》するものや、線路内立ち入りや人身事故など外部要因を除く遅延は減少傾向にはあり、必ずしもJR東日本の安全体制が「崩壊」しているわけではない。

しかしながら、安全の経験法則に、1件の重大事故の背景には29件の軽微《けいび》な事故と、事故寸前だった300件の異常があるという「ハインリッヒの法則」がある。これだけのトラブルが顕在化《けんざいか》するということは、その背景に多数の事故の芽があることを意味しており、いずれ重大事故につながる危険性も否定できない。

JR東日本はハード面だけでなく安全管理体制の強化、安全文化の進化と人員育成などソフト面の強化も進めているが、根底にはもっと深刻な問題が横たわっているかもしれない。

有価証券報告書によれば、2019年度の単体運輸事業従業員数は4万4309人だったが、

2023年度は3万9198人となり、5000人以上も減少している。定年再雇用やグループ会社への駅業務委託などがあるので、実際の従業員が5000人純減したわけではないが、ここ数年で急激に減少しているのは確かだ。

JR東日本の年齢別社員構成は、国鉄時代の大量採用と1983年から1990年まで現業職を採用停止した影響で非常にバランスの悪い状態が続いた。社員の年齢構成を5歳刻みで見ると、国鉄採用組は1万2000~1万5000人程度のボリュームがあるが、JR組は8000人程度、これに対してJR初期の採用組は1300~3500人程度しかいない。

国鉄採用者は2024年3月までに大半が定年を迎え、現場の管理職はJR採用組が中心になったが、彼らがいかに優秀でも、層が薄ければ管理は行き届かない。こうした過渡期がコロナ禍という非常事態に訪れてしまったことも、現場を疲弊《ひへい》させているのだろう。

コロナ禍以降、JR東日本は、みどりの窓口閉鎖に見られるように、経営の効率化を掲げて鉄道事業の人員削減を進めてきた。2022年8月には、当時の深澤祐二《ふかさわゆうじ》社長が鉄道事業の運営に必要な人員数を、現在の約3万4000人から今後、3万人未満に減らし、不動産や流通などの成長分野へ回す方針を表明していた。

JR東日本の新規採用者数（総合職、中途採用を含む）は、国鉄採用組の大量退職に備えて2000年代末から長らく年間1800人程度で推移してきたが、定年退職が一段落したことで、

2021年度は1400人、さらにコロナ禍の影響で2022年度は700人、2023年は500人まで絞りこんだ。

ところが、2024年は当初、500人としていたところを630人、2025年度も570人程度としていたところを790人に拡大しており、人員の削減と現場の実態の乖離《かいり》に対応せざるを得なくなっている事情も見受けられる。採用計画のひずみは長年にわたって禍根《かこん》を残す。安全・安心の礎《いしずえ》である社員にどう向き合うかが、問われている。

ゼロカーボン達成に向けたエネルギー戦略

近年、ESG経営の重要性が高まっている。ESGとは、Environment（環境）、Social（社会）、Governance（企業統治）を考慮した投資活動や経営・事業活動を指す。もともとは企業の財務情報に加えて環境及び社会への配慮、企業統治の向上等の情報を加味《かみ》した投資活動を指す言葉だったが、こうした価値基準が一般化したことで、企業経営においてもESGが重視されるようになった。

JR東日本も「変革2027」で、事業を通じて社会的課題の解決に取り組み、地域社会の発展に貢献することで、地域や利用者の信頼を高め、グループの持続的な成長につなげると定めている。

そのなかでも重要なのが環境分野だ。世界的な脱炭素化の加速は不可逆であり、燃料価格の上昇、電力需給の逼迫《ひっぱく》、エネルギー安全保障の問題など、エネルギーを取り巻く環境が国内外で大きく変化している。

2020年にJR東日本は、2050年度のCO_2排出量実質ゼロを目指す「ゼロカーボン・チャレンジ2050」を策定し、グループが持つ「つくる」「送る・ためる」「使う」の一貫したエネルギーネットワークにおいて、「環境性（Environment）・経済性（Economic Efficiency）・安定性（Energy Security）」の3つのEを実現するための新技術を積極的に導入し、目標達成を目指すと発表した。これを「変革2027」のもとで具体的な取り組みを落としこんだのが、2022年発表の「JR東日本グループエネルギービジョン2027 つなぐ」だ。

鉄道は輸送量あたりのCO_2排出量が自家用車や航空などと比較して少なく、環境にやさしい輸送機関だ。旅客1人1㎞あたりのCO_2排出量は、自家用車が130g、航空が98g、バスが57gに対して、鉄道は17g、JR東日本に限れば11gだ。脱炭素社会の実現には公共交通機関の利用促進が不可欠であり、鉄道の持つ環境優位性の訴求はJR東日本の経営にとっても強みとなる。まさにESG経営だ。

とはいえ、2013年度に年間215万tだったCO_2排出量を2030年度に半減の108万

JR東日本グループのCO_2排出量削減目標

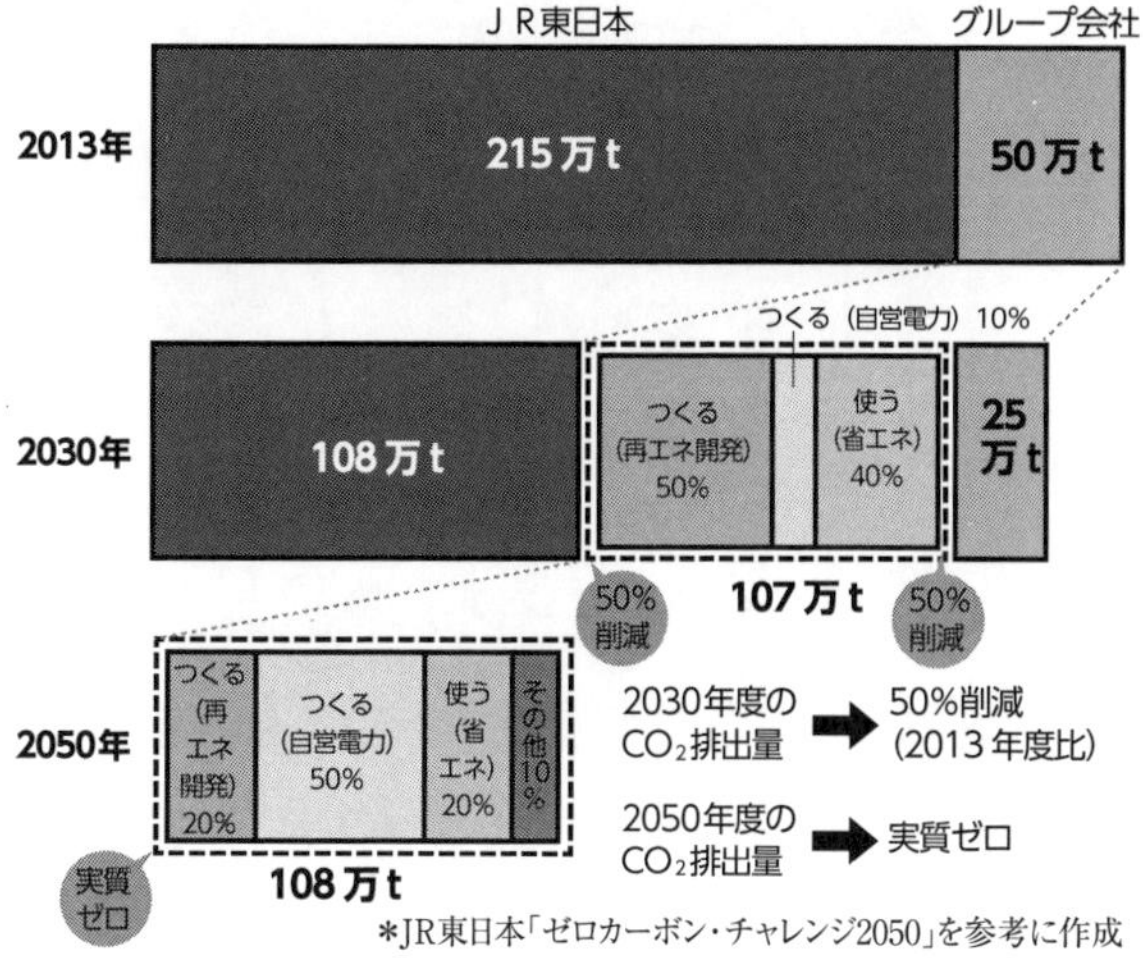

＊JR東日本「ゼロカーボン・チャレンジ2050」を参考に作成

t、2050年度に実質ゼロにする目標の達成は容易ではない。どのようにして実現するのだろうか。

2030年度の目標達成には108万tの削減が必要だが、このうち再生エネルギー発電による削減が50%、自営発電所の効率改善が10%、エネルギー利用における省エネが40%とされた。

残る108万tの削減は、再生エネルギー発電が20%、自営発電所が50%、省エネが20%、その他が10%としている。

JR東日本ならではの要素が発電だ。というのも、大規模な発電所を保有している鉄道事業者はJR東日本だけだからだ。戦前はみずから火力・水力発電所を経営し、電車用電力供給と沿線住宅・工場への配電を行なう事業者は珍しくなく、国有鉄道も信濃川水力発電所（千手《せんじゅ》発電所、小千谷《おぢや》発電所、小千谷第二発電所の総称）と川崎火力発電所を整備し、東京圏の電車用電力を供給していた。

鉄道事業者の発電所は戦時中の電力国家管理で取り上げられ、戦後も返還されることなく現在の電力会社体制に引き継がれたが、国有鉄道は自前の発電所を守り抜き、国鉄民営化でＪＲ東日本に継承された。現在の最大出力は信濃川水力発電所が３発電所合計で約45万kW、川崎火力発電所が４台の発電機合計で約81万kWだ。両発電所はＪＲ東日本の消費電力の６割弱、首都圏に限れば８割弱をまかなっている。

再生可能エネルギーである信濃川水力発電所に対し、CO_2を排出する川崎火力発電所は効率改善が進められている。２０２１年には１９８１年に運転開始した１号機を更新し、燃料を灯油から天然ガスに変更。あわせて発電効率を改善し、CO_2排出係数は４割低減した。将来的な２号機、３号機の更新にあたっては、さらなる発電設備の効率化に加え、天然ガスと水素の混焼《こんしょう》化や、排出されたCO_2を分離・回収し、貯蔵や有効活用するＣＣＵＳ技術の導入を検討する。

そして今後、拡大するのが太陽光、風力、地熱などの再生エネルギー発電だ。すでに八戸バイオマス発電所（青森県）、大崎三本木太陽光発電所（宮城県）、三種《みたね》風力発電所（秋田県）などが稼働中で、２０２２年度末時点で計13・6万kWと一定の規模になっている。これらを組み合わせることで、２０３０年度に70万kW、２０５０年度には川崎火力発電所を上回る１００万kW

を実現する計画だ。

しかし、電気は「同時同量」といって、供給量と消費量を一致させなければ、正常な発電ができなくなる特性がある。再生可能エネルギーは天候によって出力が変わるため、電気の有効活用には緻密《ちみつ》な制御が必要だ。そこでICT技術と電力機器技術を組み合わせ、使いきれない電気を貯《た》めたり、別の場所へ送ったりすることで、電気を効率的・効果的に利用する「スマートグリッド技術」が重要になる。

電気を貯める方法のひとつが、電力回生《かいせい》装置だ。電車には減速時、モーターを発電機として使用することで、運動エネルギーを電気エネルギーに変換する回生ブレーキが搭載されている。発電した電気は周辺の電車などに供給するが、使用先がない場合は回生失効となり、省エネ効果を発揮できない。

そこで余った電気をバッテリーなどに貯めておき、電気が必要な電車が通過した際に使用する電力貯蔵装置や、交流電源に変換して周辺の駅で利用する回生インバータなど、回生電力有効利用設備が重要になる。また、くり返しの充放電で劣化するバッテリーではなく、余った電力で大型の円盤を回転させて運動エネルギーとして貯《たくわ》え、必要なときに再び電力に変換して使用する「フライホール蓄電システム」が注目されており、超電導技術でフライホイールを浮上させることで、軸受けメンテナンスを解消する新技術を研究中だ。

さらには、超電導現象の電気抵抗がゼロになる性質を利用した超電導ケーブルの導入で、変電所から電車への送電ロス削減や、回生電力の効率向上の可能性を検討。再生可能エネルギーや回生電力を利用して水素を製造し、燃料電池車両に供給する研究も行なわれている。

そして、もっとも重要なのが使用電力、とくに8割を占める列車運転用エネルギーの省エネ化だ。新系列電車209系以降も効率化が進んでおり、山手線の歴代車両の電力消費量を比較すると、1963年に登場した103系を100%とすると、2000年に登場したE231系が54%、2015年に登場したE235系は48%まで削減されている。

ただ、これまでの延長線上で30%、20%へと削減するのは困難だ。そこで次のステップとして注目されているのが、省エネ運転制御技術である。

訓練された運転士が同じ区間を決まった時間で運転する電車でも、じつは運転方法によって消費電力が変わってくる。そこで、新型車両に搭載されたモニタリングシステムを用いて、実際の運転操作から収集した電力消費量や運転操作の記録を解析。安全性と乗り心地《ごこち》に問題がないことを前提に、加速する時間を短縮して惰行《だこう》する時間を増やし、ブレーキの時間を短くすることで、所要時間を変えずに消費電力を削減できる「省エネ運転曲線」を導き出した。これに従って運転したところ約10%、区間によっては約20%もの省エネ効果があったという。

機械にしかできない制御も研究中だ。前述のように回生ブレーキは発電と消費が一致しなければ機能しない。そこでＡＴＡＣＳ（無線式列車制御装置）とＡＴＯ（自動列車運転装置）の精密な制御を活かし、各列車の加速・減速のタイミングを制御することで、回生失効を防ぐというアイデアだ。

直接CO_2を排出する気動車の対応も重要だ。気動車は全保有車両の４・４％に過ぎないが、従来型の気動車は一般的な電車と比較して４倍程度のCO_2を排出する。ディーゼルエンジンで発電した電力で走行するＨＢ‐Ｒ２１０系などのディーゼルハイブリッド気動車、電気式気動車ＧＶ‐Ｅ４００系などが一部路線に導入されているが、全気動車の４分の１に過ぎない。ハイブリッド気動車に加え、烏山《からすやま》線ＥＶ‐Ｅ３０１系、男鹿《おが》線ＥＶ‐Ｅ８０１系のような電化区間で充電し、非電化区間は蓄電池で走行する蓄電池式電車なども含め、省エネ性能に優《すぐ》れる車両への更新を急ぐ必要がある。

次世代車両として期待されているのが、２０２２年３月から南武線、鶴見線で実証実験が行なわれている水素ハイブリッド電車だ。試験車両ＦＶ‐Ｅ９９１系電車「ＨＹＢＡＲＩ」は屋根上に設置した水素タンクから床下の燃料電池に水素を供給し、電池に充電。電池でモーターを回す仕組みだ。心臓部の発電装置は、量産ＦＣＶ「ＭＩＲＡＩ」やＦＣバス「ＳＯＲＡ」で使用実績があり、信頼性の高いトヨタ製ＦＣスタックを流用している。

２０２２年５月には、水素サプライチェーン構築を進めるＥＮＥＯＳと「鉄道の脱炭素化に向けたCO_2フリー水素利用拡大に関する連携協定」を締結。２０３０年までに水素ハイブリッド電車、ＦＣバス・ＦＣトラック、駅周辺施設に、製造・貯蔵に二酸化炭素を排出しない「CO_2フリー水素」を供給する定置式水素ステーションを開発する計画を発表した。

また、京浜臨海部に整備予定のＥＮＥＯＳ拠点から、ＪＲ東日本川崎火力発電所へ水素を供給して水素混焼発電を行ない、首都圏に供給する電車用電力の脱酸素化を進める構想もある。

このほか、ＥＳＧ経営における３Ｒ（リデュース、リユース、リサイクル）の取り組みとして、ＪＲ東日本グループで発生した食品廃棄物をＪバイオフードリサイクル横浜工場、東北バイオフードリサイクル仙台工場でメタン発酵し、生成したバイオガスで発電する「電力リサイクルループ」、発酵残渣《ざんさ》を肥料として農業利用する「農業リサイクルループ」のふたつの資源循環を実現する「UPCYCLING CIRCULAR」がある。

今後、資源循環をさらに拡大する方針で、グループで発生する使用済みプラスチックや制服・リネン、太陽光パネルなどの廃棄物を、自社で回収、運搬、リサイクル、再資源化する持続可能な「サーキュラエコノミー」を、今後10年で１００億円規模まで拡大する計画だ。

とはいえ、２０５０年度に実質ゼロはもちろん、２０３０年度の半減は高いハードルだ。基準年の２０１３年度に約２１５万ｔだったのが２０２２年度は約１８４万ｔ、つまり９年で約31万ｔしか減っていない。これをあと8年で約76万ｔ削減しなくてはならない。

２０２４年３月６日に行なわれた「ＩＲ ＤＡＹ」では、投資家から「２０３０年度のCO_2排出量50％削減は本当に可能なのか」という質問が出たが、「約15万kWを想定している阿武隈《あぶくま》山地風力など、達成を左右するような規模の大きい計画については、確度の高い案件を記載している。完成時期等の関係で、２０３０年度に近づくにつれ、削減幅が大きく増える想定であり、目標達成に寄与すると考えている」として、計画達成に自信を示している。

人口減少社会のなか、「持続可能な鉄道運営」へ

ＪＲ東日本はＴＣＦＤ提言にもとづき、２０２０年から経営リスクの分析と開示を行なっている。ＴＣＦＤとは、Ｇ20（金融世界経済に関する首脳会合）の要請を受け、気候関連の情報開示及び金融機関の対応を検討するため設立された「気候関連財務情報開示タスクフォース（Task Force on Climate-related Financial Disclosures）」を指す。ＴＣＦＤは２０１７年６月、企業に対して気候変動関連リスク等の開示を推奨《すいしょう》、ＪＲ東日本の取り組みはこれを受けたものだ。

同社は物理的リスクと移行リスク、計５つのリスクを特定し、その影響を分析している。物理的リスクとは気候変動によって生じる被害・損害のことで、急性リスクとして「風水災等による鉄道施設・設備の損害及び運休の発生」、慢性リスクとして「気象現象の極端化（豪雨、暑

熱）による旅客数の減少」が示された。

移行リスクは経営環境の変化によるリスクで、「カーボンプライス（排出量取引や炭素税など）制度の導入・強化によるコストの増加」「電気自動車など、他の交通手段との競合による旅客数の減少」「観光資源の毀損《きそん》・変化による旅客数の減少」が挙げられた。

リスク分析においては、地球上のさまざまな可能性や条件を仮定して、気候変動がどのように進行するかを予測した「社会経済シナリオ（Shared Socioeconomic Pathways）」をもとに、事業エリアの人口推計と旅客収入を試算し、経営への影響を定量化。人口減少が最少の「シナリオ1」と最多の「シナリオ3」では、2050年の旅客収入に最大3500億円の差が生じると試算した。人口減少と気候変動はJR東日本の経営上、重大なリスクとなる。

少子高齢化、人口減少はまず人手不足として顕在化する。地方私鉄やバス事業者ではすでに従業員不足による減便まで起きているが、大手鉄道事業者も他人事《ひとごと》ではない。前述のように、鉄道運営には多くの人手が必要で、JR東日本は2024年4月1日現在、連結6万8769人、単体3万9843人の従業員を抱えている。民営化以降、業務の合理化が進んだことで従業員数は大きく減少しているが、前述のようにコロナ禍後は採用人数を絞りこんでいる。それでも事業運営には相当数の新規採用が必要だ。

しかし、分母が少なくなれば優秀な人材の確保はますます困難になる。1980年頃に年間

150万人程度だった日本の出生数は、1990年代は120万人程度、2000年代は110万人程度で推移してきたが、2016年に100万人を割るとその後は急速に減少。2019年に90万人、2022年に80万人を割り、2023年は過去最低の約72万7000人となった。2024年は70万人割れの公算が大だ。現在の新卒採用市場は2000年代前半生まれが中心だが、あと10年もすれば新成人は急速に減少し始める。

JR東日本が1990年代以降に進めてきた自動改札機導入を中心とする業務の効率化・省力化はコスト削減も目的のひとつだが、国鉄時代の大量採用世代の退職を省力化で補《おぎな》ってきた面が大きい。今後はすでに一定程度、効率化・省力化された業務をさらに合理化するステップへと突入するが、現在のサービスをそのままのかたちで提供し続けるのは不可能なので、無人駅化や有人改札の縮小、自動券売機への置き換え、サービスのデジタル化を進めている。

ただし、コロナ禍以降、急速に展開されているこれらの取り組みは、利用者から見ればサービス低下となるものも少なくない。利用者としても民営化後初の赤字転落という異常事態を前に、しぶしぶ受け入れた部分が大きかったのではないだろうか。

ところが「変革2027」がコロナ禍より先の人口減少社会を見据《みす》えていたように、JR東日本はコロナ禍が収束しても、取り組みの速度を緩《ゆる》めるどころか加速しようとしている。利用者もいずれ人口減少に対応しなければならないことは理解しているが、いつまでも「危機」が終わらないことに戸惑《とまど》いと不信を抱いていることも事実だ。

鉄道事業者が想定する「未来像」と「現在地点」を明確にしたうえで、いつまでに、どのように移行したいのか、なぜしなければならないのかをていねいに説明しなければ、2024年3月ダイヤ改正の京葉線通勤快速廃止問題しかり、みどりの窓口閉鎖方針の凍結しかり、利用者の理解は得られず、省力化はかえって進まない結果となるだろう。

先行する駅業務の省力化に対して、運転業務の省力化はこれから一気に進むことになりそうだ。JR東日本は近年、鉄道部門現業員の内訳を公表していないが、2019年4月1日時点の単体従業員数では、駅員が約1万人に対して車掌と運転士の合計は約1万3000人だった。駅員はグループ会社への委託や定年再雇用があるため、実数は乗務員を上回ると思われるが、いずれにせよ鉄道事業全体の省力化には乗務員の削減が不可避だ。

普通列車は通常、運転士と車掌が1人ずつ乗務しているので、どちらかを削減するしかない。1章で取り上げたように、山手線では鉄道の自動化レベル「GoA3」実現を目指した技術開発が進んでいるが、実用化にはまだ時間を要するうえ、踏切がないことなど安全上の条件を満たす路線は限られる。これらの課題も将来的には解決されるだろうが、現実的なステップは自動列車運転装置（ATO）を用いた「GoA2」のワンマン運転だ。

旅客列車のワンマン化は国鉄末期に検討が始まり、民営化後の1988年に大湊《おおみなと》線、南武支線、弥彦《やひこ》線に導入され、ローカル線の1～2両の「短編成」に順次拡大してきた歴史がある。この方式では運賃は車内の運賃箱で収受し、安全確認は運転士が駅ホームに設置されたミラーを目視して行なう。そのため、視認性の観点から2両を限度としていた。

3両以上の「中編成」で初めてワンマン運転を行なったのは、2007年に開業した仙台空港アクセス線と直通する東北本線仙台～名取間の一部列車だ。ホーム上のカメラと運転席に設置されたモニターで安全確認するシステムを搭載し、最大6両のワンマン運転を実現。この実績をもとに、カメラを車両上に搭載する車両完結式システムが開発された。

2020年の東北本線黒磯～新白河間への導入以降、首都圏近郊路線に順次展開され、2021年は水戸線、内房線（木更津～安房鴨川間）など、2022年は東北本線（小山～黒磯間）、日光線、川越線・八高線（南古谷～八王子間）、相模線など、2023年には青梅線（青梅～奥多摩間）、常磐線（水戸～いわき間）、2024年には常磐線（土浦～水戸間・いわき～原ノ町間）、鶴見線などの一部またはすべての列車がワンマン化した。

そして本丸の7両以上の「長編成」は、2025年から2030年にかけて山手線、京浜東北・根岸線、南武線、横浜線で実施予定としており、最初の線区として2024年度下期に常磐線各駅停車がワンマン化される。

そのカギとなるのがATOだ。ATOは運転士に代わり、出発から停止までプログラム通りに運転操作を行なう。運転士はドア操作と空調操作、車内放送、乗降時及び走行中の安全確認を中心に行なうため、運転士1人のワンマン運転といいながら、ＡＴＯが運転士の業務を行ない、運転士が車掌の業務を行なっているのが実情だ。

「動力車を操縦する係員が単独で乗務する列車（ワンマン運転）」と「動力車を操縦する係員が乗務しない列車（ドライバーレス運転・無人運転）」の実施に必要な設備などの条件は、「鉄道に関する技術上の基準を定める省令」及びその「解釈基準」に詳細に定められている。

新交通システムのように、最初から無人運転を前提に建設された路線であればともかく、既存路線を適合させるのには手間とお金がかかる。そうであれば、非常時以外に運転操作をしなくても運転士を乗務させたほうが早かった。

鉄道現業職は基本的に駅員、車掌、運転士のステップを踏むことを期待されて採用される。それだけに運転士は誇りある仕事との自負があるため、乗務員から駅への異動は「降格」とみなされがちだ。しかし、運転操作を機械が代替できる時代になった以上、今後は運輸部門でもスペシャリストではなく、ゼネラリストが必要になる。ＪＲ東日本は現業員についても、複数の仕事を横断的に担当する業務体制への移行を急いでいる。

もうひとつ、効率化・省力化を進めなければならないのが設備部門だ。これらのメンテナンス業務はこれまで、多くを人手に頼ってきたが、たとえば深夜業務かつ重労働が多い線路保守作業員はこの10年で2割も減少した。しかし一方で、ホームドアやバリアフリー設置工事や保守作業の工事量が増加傾向にある。

そこでJR東日本は「技術革新中長期ビジョン」に、オペレーション&メンテナンスの自動化・ロボット化、IoT（Internet of Things＝モノのインターネット化）・ビッグデータ・AI技術などを用いたCBM（Condition Based Maintenance＝状態監視保全）化など、業務の効率化と省力化により労働力不足に対応する方針を定めた。

CBMとはモニタリング装置で取得した大量のデータをAI技術で解析し、修繕が必要な箇所をピンポイントで特定したり、故障の予兆を把握したりする検査手法だ。これに対して、従来のTBM（Time Based Maintenance＝時間基準保全）は、設備ごとに検査周期を決めて修繕や部品交換を行なう。決まったタイミングでしか検査ができないため、必ずしも効率のいいやり方ではなかったが、それしかなかったから用いられてきた方法だ。

CBMの導入で効率的なメンテナンスが可能になるだけでなく、モニタリング装置がデータを自動的に取得するので、徒歩点検や巡回点検など人手がかかっていた検査業務を短期化、省力化できる。

また、2024年7月4日には、鉄道電気設備設計のDX推進を加速するとして、3Dレーザースキャナや画像データから作成した線路設備の点群《てんぐん》データ（座標ごとの点の集まりで物体を把握するデータ）を活用し、作業図面の自動作成や、実地測定の省略、設置位置検討の簡略化を進めると発表した。現在は電気部門内での活用にとどまっているが、将来的には土木、電力、信号などさまざまな部門の点群データを「点群データ利活用プラットフォーム」に統合し、全社で部門横断的に活用していく方針だ。

情報通信技術は駅・運転業務以上に、メンテナンス部門に変革をもたらすのかもしれない。危険・汚い・きついの「３Ｋ」と呼ばれた現場を変えることができるのか、今後の取り組みに注目したい。

イノベーションがもたらすＪＲ東日本の「意識改革」

情報通信技術やＡＩ、ロボットの進化がもたらすインパクトは「第四次産業革命」と評されることがある。本書がこれまで取り上げてきたように、その流れは鉄道業界にも波及《はきゅう》し、業務の機械化・デジタル化が急速に進み出した。だが「ハードウェア」が進化しても、「ソフトウェア」がそれを使いこなせなくては意味がない。

しかし、人間は本質的に変化を恐れる生き物だ。鉄道は「経験工学」といわれるように、歴史のなかで蓄積・継承されてきた経験によって成り立っている。またその技術は、事業者や開発メーカーごとに設計思想が異なる部分が多いので、自前主義かつ前例踏襲主義の傾向が強まる。また、部門間の縄張り意識が強くなるので、縦割り組織になりがちだ。

こうした風潮は、国鉄時代はとくに強かった。民営化後は幾度《いくど》もの組織改正を実施してきたが、各部門をくっつけたり、離したり、なかなか思うようにはいかなかったようだ。近年では2021年度末以降、駅と乗務員区を統合した「統括センター」と、複数の駅を統合した「営業統括センター」を新設した。

これにより「駅員」「乗務員」という従来の枠を取り払い、運転士が駅の業務を行なったり、駅員が物流事業、生活サービス事業の業務を兼務したりするなど「フレキシブルな業務」を導入するというものだ。あわせて本社や支社が行なっていた企画業務の一部を統括センターに移管するなど権限移譲も行なった。

ドラスティックな改革に現場は少なからず戸惑っているようで、横断的な業務がうまくいくかはわからない。ただ本書に記してきたように、JR東日本が目指すのはモビリティ事業と生活ソリューション事業を融合したサービスの提供であり、そのためには鉄道のスペシャリストをゼネラリストに転換していかねばならない。是非《ぜひ》は別として、同社の「変革」は一貫《いっかん》している。そしてその成否を分けるのは、社員の意識改革だ。

その成果のひとつが、現場の課題解決を起点とした現場主導のアプリ開発だ。千葉支社の木更津統括センターでは、イノシシや鹿、キョンなどの野生動物と列車の接触事故が頻発しており、対応に苦慮していた。出没情報は乗務員間で共有されていたが、データとして定量化していたわけではなかった。そこで本社イノベーション戦略本部、外部開発会社の協力を得て情報共有アプリ「アニレポ」を開発した。

アニレポは走行中、乗務員が野生動物の接近を確認した場合、業務用iPadにインストールしたアプリをタップするだけで位置情報が通報され、データベースに記録。出没情報は後続列車の運転士に通知される。将来的には蓄積した通報情報をビッグデータとして活用することも視野に入れている。また秋田支社では、列車の運転席にiPhoneを設置してカメラで動画を撮影し、リアルタイムで位置情報とともにクラウドに保存する「トレイン・パトロール」を開発した。データはリモート閲覧、要注意箇所の過去映像比較が可能で、すぐに異常を検知できる。

それまで保線、電力、信号通信、土木など部門ごとに列車に添乗《てんじょう》し目視確認を行なっていたが、はたから見ている乗務員は「なぜ各部門がばらばらにやってくるのか」、縦割り業務を不思議がっていたという。アプリ導入で人出と時間がかかる添乗巡回を削減できるなど業務効率化につながった。もっと早く気付かなかったのかと思わなくもないが、こうした気付きをアイデアで終わらせず、形とする仕組みができたのは大きな進歩だろう。

外部のアイデアや技術を積極的に取り入れ、自前主義や縦割り主義を打破しようというのがオープンイノベーションプラットフォームだ。5章で触《ふ》れたように、JR東日本は2017年9月に交通事業者、車両・電機メーカー、情報通信、金融、学術団体などさまざまな企業・団体からなる「モビリティ変革コンソーシアム（MIC）」を設立した。

MICは2023年3月31日で活動を終了し、翌4月1日からモビリティに限定せず、個人にとっての「ウェルビーイング」な社会の実現に向けて「移動×空間価値」の向上を目指す「WaaS共創コンソーシアム（WCC）」へと発展した。

ウェルビーイングとは「よりよく（well）生きる「状態（being）」」、「WaaS（Wellbeing as a Service）」とはウェルビーイングを実現する仕組みのことを指す。個人にとっては健康で、精神的、経済的、社会に満たされた生き方であり、JR東日本にとっては安心・安全で賑わいがあり、かつ持続可能な社会であり、双方が実現しなければウェルビーイングは成立しない。

「すべての人の心豊かな生活」「持続的な地球・環境」「地域の新たな価値の創造」の3つをテーマに掲げるWCCは現在、17の取り組みを推進中だ。WCCはイノベーションに必要な要素を、課題の全体像をとらえるために「視野を広げる」、従来のアプローチにとらわれず「解決の枠組みを破壊する」、検討の過程で生まれる新たな課題を解決可能な新たなメンバーを参加させて「経済圏を継続的に広げる」と定義しており、従来のJR東日本グループ内の枠組みでは実現できなかったアイデアを具現化している。

もうひとつ、外部のアイデアを形にする仕組みがスタートアップだ。スタートアップとは、オープンイノベーションによって新たなビジネスモデル創出や、社会課題の解決を目指す新興企業のこと。ＪＲ東日本は２０１８年にコーポレート・ベンチャー・キャピタル「ＪＲ東日本スタートアップ株式会社」を設立し、スタートアップ企業に出資している。出資対象となるのは下記の６つの事業領域だ。

＊利便性の向上……人・モノ・情報をタイムリーに結びつけ、利便性を高めるサービスの創出
＊快適な移動の創造…出発地から目的地までをスムーズにつなぐ快適な移動の創造
＊技術革新…………より安心・安全な輸送、サービス向上に資する技術革新
＊駅づくり…………魅力あるサービスの提供を通じ、国内外の多様な人々が集い楽しめる場としての駅づくり
＊地域活性化………地域の雇用・移住・観光の促進
＊社会的課題の解決…環境負荷の少ないエネルギーや安全で安定した食糧の供給など社会的課題の解決

これまでスタートアップとの協業が実現した事例としては、小型ドローンで撮影した動画から3Dデータを自動生成するCalTa株式会社の「TRANCITY」を、発電所取替工事の遠隔地管理や工事進捗《しんちょく》管理に導入した。

また、鉄道設備の長い配管は深部が十分に清掃・点検ができず、正確な配管ルートの把握が困難という問題がある。そこで株式会社SoLARISのソフトロボティック技術を活用し、直系の小さい配管の曲がり箇所や垂直箇所でも走行が可能なミミズ型ロボットを開発した。

ユニークなところでは、コネクテッドロボティクス株式会社が開発した「そばロボット」だ。1本目のロボットアームが容器から生そばを取り出し、ゆでるためのザルへ投入。さらに、2本目のアームがゆでる、洗う、締める。これにより、従業員1人分の省力化のみならず、ヒューマンエラー軽減や品質の均一性など品質面の向上も実現したという。

JR東日本の事業規模を考えれば、ひとつひとつは小さな取り組みであり、経営にインパクトを与えるほどのものではないかもしれないが、外部の視点を交《まじ》えた地道なトライ&エラーはパーパス（企業の存在意義）や顧客ニーズを再認識する契機となる。「鉄道事業者」という固定観念の打破は、一足飛びに実現するものではなく、小さな取り組みの積み重ねの先に実現する。それこそが、本当の意識改革なのだろう。

おわりに――

本書を執筆するにあたり気付いたのは、鉄道、エキナカ開発、Suicaなどそれぞれを取り上げた書籍はあっても、JR東日本という巨大組織の全体像を描《えが》いたものが無いことだ。

前半20年の歴史資料は豊富である。2007年に『東日本旅客鉄道株式会社二十年史』が編纂され、また本書でもたびたび引用したように、初代社長の住田正二氏、二代目社長の松田昌士氏、初代副社長の山之内秀一郎氏が回想録を記している。しかし、リーマン・ショック、東日本大震災、コロナ禍と数々の「危機」に直面した2007年以降を体系的に記したものは見当たらない。

JR東日本の進める改革の本質は、後半の17年だけでは見えてこない。本書が歴史を軸に据《す》えたのは、民営化当初から指向されてきた「脱・鉄道の成長戦略」が、さまざまな危機を経るごとにどのように具体化してきたか、37年間を連続的に辿《たど》る必要があると考えたからだ。

とはいえ、巨大なJR東日本を一冊で語り切るのは困難だ。執筆中も毎週のように大きな発表があり、しばしば原稿を書き直さねばならなかった。紙幅の都合でカットせざるを得なかった「各論」も多々あるが、「総論」を優先した結果としてご容赦願いたい。

「変革2027」は奇《く》しくも民営化40周年の2027年に完結する。そのとき、JR東日本は50周年に向けた戦略をどのように描いているだろうか。

＊本書の情報は2024年7月末現在のものです

【5章】
- 入江洋（2019）「モビリティ変革の推進 ～スマートシティの取組み～」内閣府地方創生推進事務局 2019年6月29日
- 石田周次（2021）「『都市を快適に』『地方を豊かに』を目指した駅づくり」『JREA』64（4）
- 「東北地域の現状と課題」経済産業省東北経済産業局 第3回東北地域における持続可能な未来経済社会実現に向けた懇談会 2021年12月23日
- 浜田剛（2021）「新幹線など列車を活用した荷物の輸送サービス拡大」『JREA』64（4）
- 得永諭一郎（2021）「JR東日本のMaaS ～これまでとこれからの取り組み～」『JREA』64（3）
- 東日本旅客鉄道株式会社（2022）「JR東日本における列車荷物輸送の取り組み等について」国土交通省資料 2022年4月28日
- 佐々木隆博（2023）「インバウンド需要の復活に向けた取り組み」『JRガゼット』81（10）

【6章】
- 大久保剛成，浜田栄治（2021）「安心してご利用いただくための安全性向上に向けたJR東日本の取り組み」『JREA』64（8）
- 千葉正志，榊原直輝（2021）「JR東日本におけるホームドア整備の推進に向けて」『JREA』64（10）
- 相原直樹，森本文子，辻村太郎（2011）「ライフサイクルCO_2排出量の在来線車種別評価」『RTRI REPORT』25（10）
- 柴田悠介，飯田隆幸（2021）「省エネ運転支援ツールの開発」『JREA』64（9）
- 村山健，岡本秀一，飯田隆幸（2022）「水素ハイブリッド電車FV-E991系（HYBARI）の概要」『JREA』65（9）
- 吉永孝，西健太郎，松崎俊太郎（2022）「超電導フライホイール蓄電システムの製作および開発試験」『JREA』65（9）
- 東日本旅客鉄道株式会社（2022）「カーボンニュートラルに向けた取組みについて」国土交通省鉄道局カーボンニュートラル加速化検討会 2022年4月12日
- 土生宏二郎，尾仲悠，橋本慎，安藤政人（2022）「エネルギービジョン2027 ～つなぐ～の策定」『JREA』65（9）
- 高岡崇（2024）「JR東日本グループにおける環境の取組み」『IR DAY 環境の取組み』2024年3月6日
- 嶋理人（2024）「JR東日本は鉄道会社なのに、なぜ『発電所』を持っているのか？」『Merkmal』2024年2月12日
- 鈴木康明（2021）「JR東日本におけるワンマン運転の拡大・自動運転の導入に向けた取り組みと技術開発」『JRガゼット』82（1）
- 神山和則，洞口重人（2022）「車両メンテナンスの『いま』と『これから』～安全・安定輸送のさらなる向上」『JRガゼット』80（8）
- 東日本旅客鉄道株式会社（2023）「JR東日本におけるTCFD提言の取組み」第二回 気候変動リスク・機会の評価等に向けたシナリオ・データ関係機関懇談会 2023年2月3日
- 栗林健一，魚地眞道，山村啓一，阿部光三（2021）「新幹線大規模改修に向けた技術開発～実物大の新幹線設備の新たな構築～」『JREA』64（8）
- 「グループ経営の新たなチャレンジ ―ベンチャー企業とのビジネス共創―」『運輸と経済』81（6） 2021年
- 「JR東日本・深澤祐二社長が語る『“しなやかさ”が今後のキーワード』」『財界オンライン』2022年6月10日

※決算資料、JR東日本プレスリリースなど公式発表資料は省略

- 「JR東日本と提携し『ルミネカード』発行」『Card wave card business & e-commerce』10(3) (112) 1997年
- 「高さ300m地上67階の超高層、上野駅ビル計画」『ショッピングセンター』(213) 1991年
- 藤井隆文(1991)「駅を文化と情報の発信基地に」『野田経済』8月(1518)
- 山田度(1991)「総合生活提案型ビル開発の地歩を固めたい」『野田経済』8月(1518)
- 海野諒太郎(1993)「上場目前にしたJR東日本の明と暗——相次ぐ駅ビル開発など事業展開に疑問符も」『実業往来』(495)
- 岩崎雄一(1997)「改革期を迎えた駅ビル事業」『汎交通』97(8)
- 山岸紘一(2000)「まちづくりの経緯」『Report leisure』(561)
- 前田厚雄(2007)「新たな空間創造をめざして」『JR EAST Technical Review』(18)
- 鎌田雅己, 土肥卓也(2012)「東京駅丸の内駅舎保存・復原工事」『コンクリート工学』50(11)

【4章】

- 山崎謙(1990)「JR東日本、今秋以降から『イオカード』スタート」『Card wave』3(9)
- 清水孝(1992)「JR東日本の出改札自動化設備」『JREA』35(4)
- 椎橋章夫(2000)「ICカード出改札システムの導入について」『Card wave』13(2)
- 高井利之(2003)「ICカード出改札システム"Suica"開発記」『JR EAST Technical Review』(4)
- 椎橋章夫(2005)「Suicaの技術と今後の展開戦略について」『JR EAST Technical Review』(11)
- 大槻知史(2011)「Suicaシステムの概要」『電気設備学会誌』31(6)
- 木村稔, 鈴木勤, 中山信行, 小川謙司(2006)「乗る・買う・話すが一つになった『モバイルSuica』の誕生まで」『JR EAST Technical Review』(16)
- 金子寛人(2016)「JR東がポイント一本化へようやく始動、まず駅ビルで『JREポイント』」『日経XTECH』2016年2月23日
- 今田幸弘(2022)「JR東日本に聞く、Suicaを基盤にした『ポイント生活圏』の成長戦略とは」『FinTech Journal』2022年3月8日
- 「JR東、通勤定期値上げへ 割安のオフピーク定期導入も」朝日新聞デジタル 2020年9月3日
- 「低迷のオフピーク定期 大盤振る舞いの割引アップでてこ入れ JR東」朝日新聞デジタル 2024年5月14日
- 藤井真一(2005)「実用化を迎えた電子マネー」『FAMILY』(305)
- 椎橋章夫, 吉川尚宏, 宮居雅宣(2008)「生活スタイルに変化をもたらす電子マネーの進化」『金融・ITフォーカス2008年5月号』野村総研研究所金融ITイノベーション研究部
- 「調査データ 2024年決済・金融サービスの利用シェアトップ」MMD研究所 2024年2月13日
- 鈴木淳也(2024)「JR東日本『Suicaアプリ』が変えること ブランド化するSuicaとその未来」『Impress Watch』2024年6月24日
- 小野由樹子(2020)「JR東日本におけるDX」『月刊経団連』2020年8月
- 小縣方樹(2020)「公共交通事業者がMaaSに取り組む意義」『運輸と経済』80(4)交通経済研究所
- 伊藤健一(2020)「Ringo Passの取り組み～SuicaとRingoで作る新たな価値」『JREA』63(4)
- 指田昌夫(2022)「JR東日本が着手する『顧客のビッグデータをつなぐDX』の可能性」『Japan Innovation Review』2022年6月21日
- 東日本旅客鉄道株式会社マーケティング本部 戦略・プラットフォーム部門(2023)「Suicaの歩みと今後の展望」『運輸と経済』83(11)

- 久杉和雄（1987）「東北新幹線東京・上野間建設工事について」『JREA』30（1）
- 宮澤勝己（1986）「61.11ダイヤ改正の概要」『JREA』29（11）
- 野崎哲夫（1986）「通勤混雑対策の歴史と現状―東京圏国鉄輸送力増強の足跡と今後の展望―」『国際交通安全学会誌』12（4）
- 寺田義弘（JR東日本）（1988）「63年12月ダイヤ改正について（首都圏地区）」『車両と電気』39（12）
- 小樽宏明（1989）「平成元年3月のダイヤ改正概要」『車両と電気』40（2）
- 杉谷秀樹（1989）「スピードアップに力点をおいたJR各社のダイヤ改正」『JREA』32（4）
- 望月旭（1989）「到達時間の短縮による在来線の活性化――在来線の表定速度の向上」『JREA』32（4）
- 寺田義弘（1989）「平成2年3月ダイヤ改正について」『車両と電気』41（3）
- 「運輸界の動き 平成3年5月 JR東日本『東京圏70キロ60分運転』構想」『運輸と経済』51（7）1991年
- 岩田剛和（1993）「鉄道の高速化の展望と課題」『JREA』36（5）
- 廣瀬俊夫（1995）「JR東日本E991系試験電車TRY-Zの概要」『JREA』38（2）
- 猪口信（2004）「首都圏の国鉄～JR 通勤ライナー運転変遷史」『鉄道ピクトリアル』（747）
- 佐藤芳彦（1990）「リゾート特急『スーパービュー踊り子』の開発」『JREA』33（6）
- 佐藤裕（1991）「成田空港アクセス特急253系特急型直流電車」『JREA』34（4）
- 由川透（1995）「特集：日本の電鉄、第2世紀へ――3 通勤電車の新しいトレンドを作る」『電気学会誌』115（2）
- 諸岡聡（1995）「JR東日本の東京圏における通勤通学輸送改善について」『鉄道ピクトリアル』（587）
- 堀江雅直（1998）「東北・高崎線方面～都心間輸送改善について」『土木学会第53回年次学術講演会』
- 筑井裕之，北郷篤（2000）「西山手副都心輸送改善計画」『日本鉄道施設協会誌』38（10）
- 鶴通孝，山崎友也（2003）「JR東日本 巨人の挑戦 すべてのレールは新宿へ」『鉄道ジャーナル』（438）
- 伏田忠広（2005）「JR東日本東京圏電車区間の設備改良」『鉄道ピクトリアル』（756）
- 佐藤信之（2015）「上野東京ラインの経緯と効果」『鉄道ピクトリアル』903
- ミニ新幹線執筆グループ（2003）『ミニ新幹線誕生物語―在来線との直通運転―』成山堂書店

【3章】

- 山田度（1989）「"JR東日本"関連事業の実績と今後」『Report leisure』（441）
- 町井且昌（1991）「総合生活サービス企業を目指して」『野田経済』8月（1518）
- 小枝善則（1992）「企業分析 JR東日本の現状と展望」『証券投資』（464）和光証券
- 石川純祐（1999）「JR東日本の関連事業（生活サービス事業）について」『Report leisure』（556）
- 加藤光孝（1999）「サンフラワープランについて」『JREA』42（4）
- 『駅ビジネス』で時代を先取り，暮らし演出する東日本キヨスク」『流通とシステム』冬季特大号（106） 2000年
- 南亮一（2020）「民衆駅と駅ビル型ショッピングセンターの誕生」『WORKING PAPER SERIES』（235） 法政大学イノベーション・マネジメント研究センター
- 高際信夫（1986）「JNRカード――会員募集地域拡大」『国鉄線』41（6）
- 「JR東日本、クレジットカード事業に進出」『Card wave card business & e-commerce』6（4） 1993年
- 「独自運営のビューカードできめ細やかなサービスを展開 JR東日本」Card wave card business & e-commerce 9（12）（109）1996年

●参考文献・資料

【全体】
- 東日本旅客鉄道株式会社編(1991)『鉄道ルネッサンス 未来へのデザイン』丸善
- 住田正二(1992)『鉄路に夢をのせて トップが語る21世紀』東洋経済新報社
- 舘澤貢次(1992)『総点検 JRという株式会社の真実 その将来性はどの程度の買いか』こう書房
- 髙木豊(1993)『その先のJR東日本』にっかん書房
- 岩井正和(1994)『JR東日本がわかる本 総合生活サービス企業への道』ダイヤモンド社
- 片山修(1996)『鉄道大革命』交通新聞社
- 山之内秀一郎(1998)『新幹線がなかったら』東京新聞出版局
- 住田正二(1998)『官の経営 民の経営』毎日新聞社
- 森彰英(2000)『JR東日本の事業創造—大変身の秘密を解読』日本能率協会マネジメントセンター
- 高橋伸夫(2000)『鉄道経営と資金調達』有斐閣
- 松田昌士(2002)『なせばなる民営化 JR東日本自主自立の経営15年の軌跡』日本生産性本部
- 東日本旅客鉄道(2007)『東日本旅客鉄道株式会社二十年史』CD-ROM版
- 鎌田由美子(2007)『ecute物語』かんき出版
- 山之内秀一郎(2008)『JRはなぜ変われたか』毎日新聞社
- 椎橋章夫(2015)『ICカードと自動改札』成山堂書店
- 白川保友・和田洋(2017)『JR東日本はこうして車両をつくってきた』交通新聞社
- 入江洋・原田裕介(2023)『新世代オープンイノベーション JR東日本の挑戦』日経BP

【1章】
- 「JR東、申し込み殺到『JREバンク』で特典奮発の勝算 破格の大盤振る舞いでも相互送客で実を採る」東洋経済ONLINE 2024年5月29日
- 「JREバンク100万口座『年度内に達成を』JR東の経済圏拡大戦略」朝日新聞デジタル 2024年6月26日
- 「高輪ゲートウェイ駅エキマチ一体の開発」『運輸と経済』80(8) 2020年
- 「整備新幹線未着工区間の『収支採算性及び投資効果の確認』に関する参考資料」国土交通省 2012年4月3日公表
- 石井君章(2015)「新幹線のさらなる高速化をめざして」『RRR』72(3)
- 「新千歳空港の国内線旅客数、初の2千万人超え コロナ禍前を上回る」朝日新聞デジタル 2024年4月23日
- 森地茂監修(2000)『東京圏の鉄道のあゆみと未来 [解説]運輸政策審議会答申第18号』運輸政策研究機構
- 日本鉄道建設公団東京支社, 東京臨海高速鉄道(2003)『臨海副都心線工事誌(東京テレポート〜大崎間)』
- 嶽石賢太, 松田博和(2023)「羽田空港アクセス線(仮称)整備〜都心からのダイレクトアクセスを目指して〜」『JREA』66(7)
- 「羽田新線『臨海部ルート』31年度開業で調整 JR東日本」日本経済新聞電子版 2024年7月24日
- 「羽田空港、国際線旅客が過去最高 初の190万人超え、7カ月ぶり更新=3月実績」『Aviation Wire』2024年6月15日
- 北原知直, 正露瑞季, 横山啓之, 柴田悠介(2023)「山手線自動運転試験の概要」『JREA』66(8)

【2章】
- 「JR株上場の損得を占う」『政経人』38(2)政経社–総合エネルギー研究会 1991年
- 山田徳彦(2001)「鉄道輸送サービスの供給主体に関する研究」早稲田大学 博士論文

JR東日本
脱・鉄道の成長戦略

2024年8月20日　初版印刷
2024年8月30日　初版発行

著者◉枝久保達也

企画・編集◉株式会社夢の設計社
〒162-0041　東京都新宿区早稲田鶴巻町543
電話（03）3267-7851（編集）

発行者◉小野寺優

発行所◉株式会社河出書房新社
〒162-8544　東京都新宿区東五軒町2-13
電話（03）3404-1201（営業）
https://www.kawade.co.jp/

DTP◉アルファヴィル

印刷・製本◉中央精版印刷株式会社

Printed in Japan　ISBN978-4-309-50454-4